MACH'S
MENSCHLICH!
WAS ARBEITGEBER ATTRAKTIV MACHT

W0065502

40 Thesen
zur Arbeitswelt
von morgen

INHALT

EINFÜHRUNG

Was muss geschehen, dass Menschen gerne arbeiten? Welche Voraussetzungen müssen erfüllt sein, damit sie ihre Arbeit als sinnvoll erleben; damit ihnen ihre Arbeit Freude macht; damit sie ihre Potenziale entfalten und das Beste aus sich machen können? Seit bald 30 Jahren beschäftigen mich diese Fragen. Gute und praktikable Antworten auf sie zu geben, ist meine persönliche Mission. Nun scheint es mir an der Zeit zu sein, die Einsichten und Erkenntnisse, die mir geschenkt wurden, weiterzureichen. Denn ich nehme wahr, dass vor allem eine Frage immer mehr Menschen umtreibt: Wie gelingt es, menschenzentrierte Arbeitswelten zu schaffen?

Hierauf habe ich Antworten gefunden, indem ich mit meinen achtzehn designfunktion-Teams und externen Projektpartnern zeitgemäße Konzepte für die Raum- bzw. Bürogestaltung entwickelt und realisiert habe. Dabei ist es unser Kernanliegen, wirksame Räume für die Potenzialentfaltung zu schaffen: Räume, die Menschen begeistern, anziehen und unterstützen. Mit erprobten und zugleich innovativen New-Office-Konzepten versuche ich, Menschen und Organisationen dabei zu unterstützen, ihre strategischen und operativen Ziele zu erreichen.

Doch habe ich über die Jahre gelernt, dass New-Office-Konzepte allein nicht genug sind. Als Unternehmer und erfahrene Führungskraft habe ich verstanden, dass moderne Raumkonzepte ihre Wirkung nur dann entfalten, wenn sie eingebettet sind in eine moderne Arbeitswelt: das, was man *New Work* nennt. Deshalb scheint es mir wichtig, ein klares Verständnis davon zu vermitteln, was es mit *New Work* auf sich hat, sodass es von Unternehmer:innen und Entscheider:innen in ihren Unternehmen sinnvoll und kulturell nachhaltig integriert werden kann. Vor allem ist mir daran gelegen, meine Kolleginnen und Kollegen im Mittelstand dabei zu unterstützen, ihre vielfältigen Herausforderungen mit einer klaren und praktikablen *New-Work-/New-Office*-Strategie zu meistern.

Gegenwärtig ist es eine der größten Herausforderungen, neue Mitarbeitende zu gewinnen und bewährte Mitarbeitende an das Unternehmen zu binden. Die Frage, wie man Wissensarbeit in der hybriden Arbeitswelt organisiert und Unternehmenskultur räumlich erlebbar macht, ist mehr denn je entscheidend für den nachhaltigen Unternehmenserfolg.

Darum also geht es mir: Mit meinen 40 Thesen möchte ich einige aktuell geläufige Begriffe erklären und herausstellen, worauf es wirklich ankommt, wenn wir von *New Work,* Transformation von Wissensarbeit, Potenzialentfaltung, *New Leadership, New Office* und Zukunftsperspektiven sprechen. Ich hoffe, all denen, die für ihre Mitarbeitenden über die Gestaltung der Arbeitswelten entscheiden, auf diese Weise Inspiration und Orientierung zu geben, sodass sie ihrer großen Verantwortung gerecht werden können.

Weil es mir wichtig ist, bei allen konkreten Vorschlägen nicht den Blick aufs Ganze zu verlieren, habe ich den Cultural Capital Producer Jan Teunen und den Philosophen Christoph Quarch eingeladen, meine Thesen mit einem Essay über die geistigen Grundlagen menschenzentrierter Arbeitswelten in einen größeren Zusammenhang einzubetten.

Deshalb scheint es mir wichtig, ein klares Verständnis davon zu vermitteln, was es mit New Work auf sich hat, sodass es von Unternehmer:innen und Entscheider:innen in ihren Unternehmen sinnvoll und kulturell nachhaltig integriert werden kann. Vor allem ist mir daran gelegen, meine Kolleginnen und Kollegen im Mittelstand dabei zu unterstützen, ihre vielfältigen Herausforderungen mit einer klaren und praktikablen New-Work-/New-Office-Strategie zu meistern.

SAMIR AYOUB
im März 2023

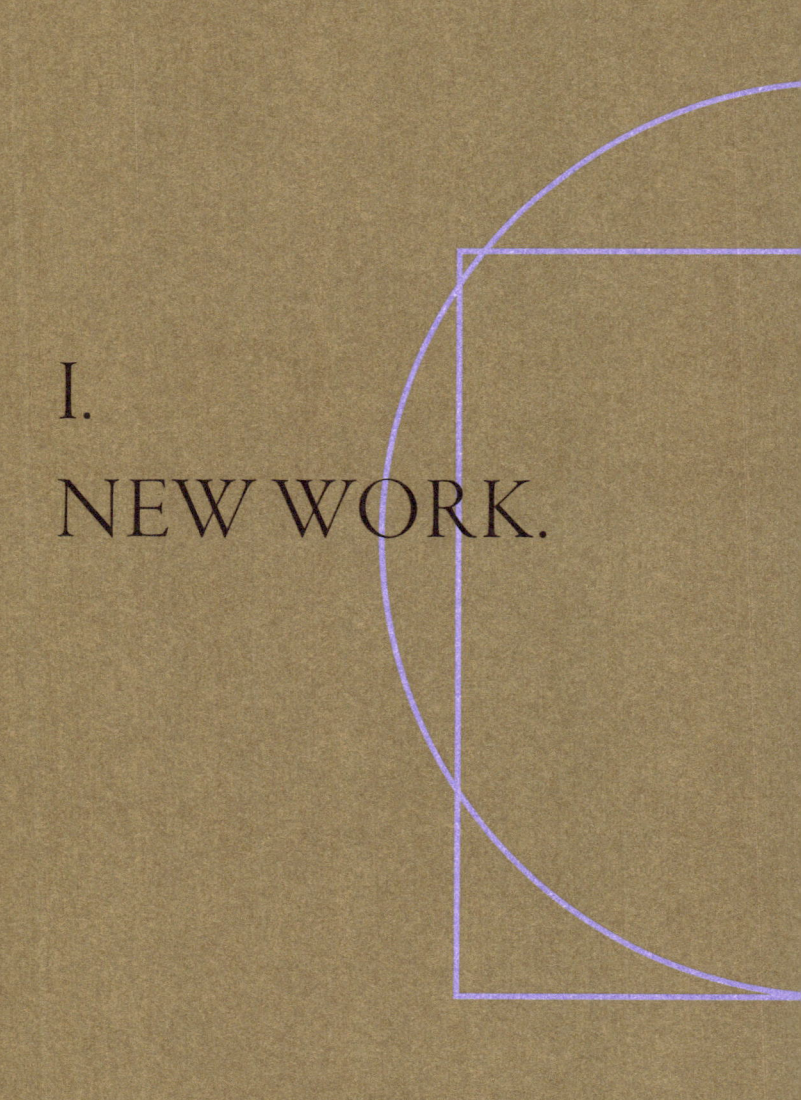

I.

NEW WORK.

EINE MENSCHEN-ZENTRIERTE ARBEITSWELT

1

Wir verändern uns von der Erwerbs- zur Sinnge-sellschaft. *New Work ist die Antwort darauf.*

Die Welt verändert sich. Klimawandel, geopolitische Verschiebungen, digitaler Wandel, ökonomische und politische Konflikte, aber auch veränderte Erwartungshorizonte der Menschen fügen sich zum Bild einer VUCA-Welt: Flüchtigkeit (Volatility), Ungewissheit (Uncertainty), Komplexität (Complexity) und Mehrdeutigkeit (Ambiguity) erweisen sich als grundlegende Signaturen unserer Zeit, die sich unweigerlich darauf auswirken, wie wir Arbeit organisieren. Eine der zentralen Herausforderungen für Unternehmen besteht heute darin, Mittel und Wege zu finden, wie angesichts der rasanten Veränderungsprozesse sowohl resiliente als auch innovative Arbeitskulturen generiert und bewahrt werden können.

Eine vielversprechende Antwort darauf ist *New Work:* ein stimmiger Dreiklang aus Organisation *(New Leadership)*, Raum *(New Office)* und Technologie, der Menschen darin unterstützt, in die Selbstwirksamkeit zu kommen, mit ihrer Arbeit ihre Potenziale zu heben, sich selbst zu verwirklichen und ihr Tun als sinnhaft zu erfahren. Das zu unterstützen, ist das Gebot der Stunde.

Arbeit dient heute nicht mehr primär dem Broterwerb. Den arbeitenden Menschen geht es vielmehr um Sinnstiftung und Sinnerfahrung. Sinnstiftung ergibt sich aus der Wert- und Sinnorientierung eines Unternehmens. Sinnerfahrung ergibt sich daraus, dass Menschen etwas tun, das ihnen sinnvoll erscheint – worin sie sich selbst verwirklichen können, was ihren Werten und moralischen Normen entspricht. Sie wollen zu einer nachhaltigen Verbesserung der Welt beitragen. Sie wollen einen Unterschied machen, der es ihnen erlaubt, sich mit Engagement und Begeisterung einzubringen. Und sie werden sich deshalb nur an solche Unternehmen binden, die glaubhaft eine eigene Wertbindung kommunizieren und praktizieren – eine Wertbindung, die sinnvoll erscheint, mit der man sich identifizieren kann und deren Visionen und Ziele als Motivationsquelle für das eigene Arbeiten erlebt werden.

Wo Menschen mit den Werten und Visionen eines Unternehmens in Resonanz sind, wächst ihre Bereitschaft, ihr Bestes zu geben und mit Leidenschaft und Energie zu arbeiten. Das steigert nicht nur die Selbstwirksamkeit und Verweildauer der Einzelnen, sondern auch die Innovationsfähigkeit und Resilienz des Unternehmens. Authentische und glaubwürdige Sinnstiftung wird in einer künftigen Sinngesellschaft zur Kernaufgabe der Unternehmensführung.

Arbeit dient heute nicht mehr primär dem Broterwerb. Den arbeitenden Menschen geht es vielmehr um Sinnstiftung und Sinnerfahrung. Sinnstiftung ergibt sich aus der Wert- und Sinnorientierung eines Unternehmens. Sinnerfahrung ergibt sich daraus, dass Menschen etwas tun, das ihnen sinnvoll erscheint – worin sie sich selbst verwirklichen können, was ihren Werten und moralischen Normen entspricht.

THESE 2

New Work bedeutet,
Arbeitswelten zu schaffen,
in denen *der Mensch im
Zentrum steht.*

New Work ist keine Methode, sondern ein Kulturwandel. Bei New Work geht es darum, Arbeit so zu gestalten, dass sie die arbeitenden Menschen nicht schwächt, sondern stärkt. Das wird immer dann der Fall sein, wenn Menschen bei der Arbeit das tun können, was sie „wirklich, wirklich wollen", wie New-Work-Pionier Frithjof Bergmann sagte. Deshalb ist es bei der Umstellung auf New Work mit rein kosmetischen Korrekturen oder oberflächlichen Veränderungen nicht getan. Vielmehr ist ein grundlegend anderes Mindset erforderlich, das Arbeit nicht länger als bloßes Mittel zum Zweck der ökonomischen Wertschöpfung versteht, sondern sie so organisiert, dass sie ihren Sinn in sich selbst trägt.

Das bedeutet nicht, dass wirtschaftliche Erträge in neuen Arbeitswelten nebensächlich werden. Das kann schon deshalb nicht der Fall sein, weil nur eine gesunde Wirtschaftlichkeit die für ein sinnerfülltes Arbeiten nötigen Voraussetzungen schaffen wird. Wohl aber bedeutet es, dass New Work die Implementierung und Kultivierung eines menschenzentrierten Werte-Tableaus erfordert, das neben dem materiell-monetären Gewinn auch die Sinnerfüllung und die Potenzialentfaltung der Menschen als Ziele eines Unternehmens zur Geltung bringt.

THESE 3

In einer menschenzen-
trierten Arbeitswelt werden
*Vertrauen, Freiheit, Ver-
antwortung* und *Sinn* als
Werte gelebt.

Der Kulturwandel wird in einer Organisation nur dann gelingen, wenn er durch ein klares Werte-Tableau unterfüttert ist. Werte motivieren, koordinieren und orientieren die Aktivitäten jeder und jedes Einzelnen und prägen zugleich deren Identität. Sie helfen allen Beteiligten, sicher durch Krisenzeiten zu navigieren, und dienen bei Konflikten als Leitplanken der Entscheidungsfindung. In einer menschenzentrierten Arbeitswelt werden vornehmlich solche Werte gelebt, die der Entfaltung der menschlichen Potenziale dienen. Besondere Aufmerksamkeit verdienen dabei Vertrauen, Freiheit, Verantwortung und Sinn.

Vertrauen ist das tragende Fundament des menschlichen Miteinanders. Ohne Vertrauen ist Kooperation nicht möglich. Nur in einem Raum des Vertrauens kann echte Begegnung gelingen. Nur wenn Menschen einander vertrauensvoll begegnen, können sie ihre Potenziale entfalten. Vertrauen wächst, wo Menschen sich aufeinander verlassen können, wo sie loyal einander unterstützen und offen bzw. transparent miteinander umgehen. In einer Kultur des Vertrauens sind die Menschen bereit, einander Vertrauensvorschuss zu gewähren: anderen gegenüber, aber auch sich selbst gegenüber. Herrscht in einem Unternehmen ein Klima des Vertrauens, werden die Menschen ihre Arbeit mit Selbstvertrauen und einer positiven Grundhaltung verrichten.

Wo Menschen einander vertrauen, öffnet sich ein Raum der Freiheit. *Freiheit* bedeutet nicht, dass man tun und lassen kann, was man will. Freiheit gründet in einer vertrauensvollen und verbindlichen Verbundenheit zwischen den Menschen. Wer meint, seine Freiheit bestehe darin, allein dem eigenen Willen zu folgen, hat nicht verstanden, dass man nur so frei ist, wie man sich in seinem Tun und Lassen mit der Freiheit anderer abgestimmt hat. In einer neuen Arbeitswelt zeigt sich die Freiheit der Mitarbeitenden zum Beispiel darin, dass sie frei entscheiden, wo und wann sie ihre Arbeit am besten erledigen können.

Der schönste Ausdruck eines freien Menschen ist seine Bereitschaft, *Verantwortung* zu übernehmen. Verantwortung tragen bedeutet: Antwort sein – Antwort auf das, was andere einem zu sagen haben. Wir genügen unserer Verantwortung immer dann, wenn wir die Ansprüche anderer ernst nehmen und die bestmöglichen Antworten darauf geben: anderer Menschen, unserer Partner und Kunden, unseres Unternehmens, unserer Gesellschaft, unserer Natur. Verantwortung in diesem Sinne ist in einer neuen Arbeitswelt nicht das Monopol einiger weniger, sondern eine Haltung aller. Selbstorganisation und die Bereitschaft, eigenverantwortlich zu handeln, werden auf allen Ebenen der Organisation gefördert und vorausgesetzt. Auf diese Weise öffnen sich für die arbeitenden Menschen persönliche Sinnhorizonte.

Der Mensch ist das Wesen, das nach *Sinn* strebt. „Der Wille zum Sinn bestimmt unser Leben", schrieb einst der Wiener Neurologe und Psychiater Viktor E. Frankl. Menschen kommen in die Selbstwirksamkeit, wenn sie ihrer Mission folgen können und ihr Handeln als unbedingt sinnvoll erleben. Sinn ist der oft verkannte Brennstoff erfolgreicher Organisationen. Je mehr Sinnerfahrung und Sinnerfüllung, desto performanter werden sie sein. Deshalb ist es für menschenzentrierte Arbeitswelten von größter Bedeutung, den Mitarbeiterinnen und Mitarbeitern Sinnperspektiven zu bieten, die es ihnen erlauben, ihr persönliches Wertegerüst mit dem des Unternehmens zur Deckung zu bringen. Das setzt voraus, dass eine Organisation ihre Werte benennt, ernst nimmt und glaubhaft in ihrer Unternehmenskultur vorlebt.

Wo Vertrauen, Freiheit, Verantwortung und Sinn als Werte gelebt werden, wird eine Organisation zum Gewächshaus menschlicher Potenzialentfaltung und zum Motor eines gesunden ökonomischen Wachstums.

Neue, menschenzentrierte Arbeitswelten *entfesseln die Kraft* und *Resilienz*, die vier großen D zu bewältigen (Dekarbonisierung, Demografischer Wandel, Digitalisierung, Deglobalisierung).

Die Weltgemeinschaft steht im 21. Jahrhundert vor beispiellosen Herausforderungen: Klimawandel, demografischer Wandel, digitaler Wandel und ökonomischer Wandel. Vor diesem Horizont kann eine Arbeitswelt nur dann wünschenswert sein, wenn sie zu einem sozial und ökologisch nachhaltigen, einem regionalen und einem technologisch klugen Wirtschafts- und Lebensstil beiträgt – getragen von einem Mindset, das nicht länger duldet, dass der Wohlstand der einen zulasten der anderen erwirtschaftet und die Natur weiterhin geschändet wird.

Den genannten Herausforderungen werden wir aber nur dann begegnen können, wenn es uns gelingt, unser Bestes zu geben, das Beste aus uns herauszuholen und unsere humanen Potenziale zur vollen Entfaltung zu bringen. Das wiederum setzt positive, unsere Potenzialentfaltung stärkende Arbeitswelten voraus, die den Menschen als Menschen ernst nehmen. Nur ein ganzheitlicher Blick auf den ganzen Menschen wird uns in die Lage versetzen, der Komplexität der heutigen Weltsituation gerecht zu werden. Neue und menschenzentrierte Arbeitswelten tragen dem Rechnung, indem sie Räume schaffen, in denen Menschen ganzheitlich wirken können.

II.

DIE *DREI HANDLUNGS-FELDER* DER TRANSFOR-MATION

Für eine menschliche Arbeitswelt braucht es einen *ganzheitlichen Ansatz,* der zugleich Organisation, Technologie und Raum sowie deren Schnittmengen berücksichtigt.

Im deutschsprachigen Raum gibt es gegenwärtig rund 50 Millionen Erwerbstätige. Davon verrichten etwa 30 Millionen ihre Arbeit in Büros. Der Bereich der sogenannten *Wissensarbeit* reicht von Routinetätigkeiten bis zu labornaher wissenschaftlicher Arbeit. Zu ihm gehören administrative ebenso wie kokreative Tätigkeiten, Aufgaben in der Prozessoptimierung und Strategieentwicklung ebenso wie auf dem Feld der Informations- bzw. Datenverarbeitung. Kreative und kokreative Tätigkeitsbereiche werden immer mehr an Bedeutung gewinnen, wenn künftig Routinearbeiten und rein administrative Aufgaben mithilfe künstlicher Intelligenz automatisiert werden.

Umso wichtiger wird es sein, den Wissensarbeitern performante Werkzeuge zur Verfügung zu stellen, die sie in ihren schöpferischen Arbeitsprozessen unterstützen. Solche Werkzeuge sind zeitgemäße *Organisationsstrukturen bzw. -prozesse* (These 6), die neuesten Errungenschaften der *Informationstechnologie* (These 7) und der *physische Raum,* in dem die Wissensarbeit verrichtet wird (These 8). Diese drei Handlungsfelder und ihre Schnittmengen ergeben den Bauplan von *New Work*. Gelingt es, in der Unternehmenskultur einen stimmigen Dreiklang aus Organisation, Technologie und Raum zu erzeugen, wird die Qualität sowohl im *Umgang* als auch im *Umfeld* der Arbeitswelt gesteigert (siehe Illustration auf S. 164).

Transformationsprozesse in Organisationen verlaufen nur dann erfolgreich, wenn sich die genannten drei Handlungsfelder wechselseitig beeinflussen und gegenseitig stärken. Auch können Transformationsprozesse nicht an Teilbereiche wie Führungskräfte, Abteilungen, Gewerke etc. oder einzelne Personen(gruppen) delegiert werden. Erfolgreich werden sie nur sein, sofern sie alle Hierarchieebenen und Teilbereiche einer Organisation durchdringen.

Bei Transformationsprozessen in einer menschenzentrierten, zukunftsfähigen Arbeitswelt wird es auf dreierlei ankommen: eine transformationale Führung, die Teil der Veränderung ist, sie vorlebt und authentisch vorangeht, eine echte Einbeziehung der Mitarbeitenden und eine zügige und vollständige Umsetzung in den drei Handlungsfeldern Organisation, Technologie und Raumgestaltung.

*Gelingt es, in der Unternehmens-
kultur einen stimmigen Dreiklang
aus Organisation, Technologie
und Raum zu erzeugen, wird die
Qualität sowohl im Umgang als
auch im Umfeld der Arbeitswelt
gesteigert.*

6

Eine menschenzentrierte Organisation *ermöglicht maximale Selbstorganisation.*

Neue, menschenzentrierte Arbeitswelten bieten den Beschäftigten einen organisatorischen Rahmen, der sie in ihrer Potenzialentfaltung unterstützt und koordiniert. Menschen in ein organisatorisches Korsett zu zwingen und sie in der Wahl der für sie geeigneten Arbeitsräume und Arbeitszeiten einzuengen, behindert sie in ihrer Potenzialentfaltung. Deren Mittel der Wahl sind vielmehr Freiheit und Selbstorganisation, Eigenverantwortung und Selbstwirksamkeit. Dafür die erforderlichen Organisationsformen bereitzustellen, ist das Kernanliegen dessen, was unter der Überschrift *New Work* zusammengefasst werden kann: agile Managementmethoden, flache Hierarchien, holokratische Strukturen, Vertrauenskultur etc. Die konkreten Tools können von Unternehmen zu Unternehmen variieren. In jedem Fall aber werden sie die Individualität und Besonderheit der Einzelnen ernst nehmen, denn in allem, was Menschen einmalig und unverwechselbar macht, schlummern oft übersehene Innovationspotenziale für die ganze Organisation.

Ein *kluger Einsatz von Technologie* öffnet die Tür für selbstbestimmte Arbeit.

Arbeit ist weder raum- noch zeitgebunden, sondern kann – ohne Qualitätsverlust – nach Maßgabe der individuellen Präferenzen der Arbeitenden verrichtet werden. Konferenzschaltungen, Workflow-Applikationen und mobile Endgeräte haben hier zu einer außerordentlichen Flexibilität und Variabilität geführt, die vollkommen neue Optionen für eine selbstbestimmte Wissensarbeit der Zukunft wahrscheinlich machen. Es ist nur eine Frage der Zeit, wann ein Großteil der gemeinschaftlichen Wissensarbeit im Metaverse verrichtet wird.

Neue Technologien werden nicht nur mehr Freiräume für selbstbestimmte Arbeit öffnen, sondern auch ein entwickeltes Arbeitsethos seitens der Anwender erfordern. Nicht alles, was technologisch gemacht werden kann, ist deshalb auch sinnvoll. Hier kommen die Menschen nicht darum herum, selbstbestimmt und bewusst immer neu zu entscheiden, welches Instrument wann, wie und wo angewandt werden soll. Mehr und mehr treten dabei Fragen wie diese in den Vordergrund: Wie bin ich wirksam? Was brauche ich, um meine Potenziale abzurufen? Wo erledige ich meine Arbeit am effektivsten? Um ihre Mitarbeiterinnen und Mitarbeiter diesbezüglich fit zu machen, gilt es für Organisationen, eine Kultur der Selbstverantwortung und Entscheidungsfähigkeit zu etablieren.

THESE 8

Wirksamer Raum entfaltet die Potenziale von Menschen und Organisationen.

Raum wirkt. Raum beeinflusst unsere Stimmung, unsere Motivation, unsere Kommunikation und unsere Produktivität. Raum stärkt das Wohlbefinden. Raum stiftet Identität. Raum vermittelt Botschaften. Raum manifestiert Werte, Marken, Kulturen. Raum ist ein Werkzeug für Wissensarbeiter und ein Mastertool zukunftsfähiger, menschenzentrierter Unternehmensführung.

Oft aber werden der Raum und seine Wirksamkeit unterschätzt. Wissensarbeit findet in ungeeigneten Räumen statt, die weder dem ökonomischen Wachstum noch der menschlichen Potenzialentfaltung dienen. So haben Studien erwiesen, dass 75 Prozent aller Besprechungen in Unternehmen mit zwei bis vier Personen stattfinden, die oft keine geeigneten Räume für ihr Meeting finden, weil die üblichen Konferenzräume zu groß sind. Dieser überschüssige Raum könnte in Gestalt kleiner Rückzugsorte sehr viel sinnvoller für konzentrierte Fokusarbeit genutzt werden. Das ist nur ein Beispiel für die außerordentliche Ressourcenverschwendung, die in vielen Bürogebäuden stattfindet: Man plant und baut am Bedarf vorbei, man gibt den Wissensarbeiterinnen und Wissensarbeitern die falschen Werkzeuge.

Das ist ein kaum erklärliches Versäumnis. Marketingabteilungen verwenden heute viel Aufmerksamkeit und Energie darauf, ihren Kunden eine wirkungsvolle Customer Journey anzubieten. Was aber selten bedacht wird, ist die Frage, wie man seinen Wissensarbeitern eine attraktive *Employee Journey* ermöglichen kann: ein Setting, das es den Menschen erlaubt, diejenigen Arbeitsräume zu nutzen, die sie in ihren konkreten Aufgaben unterstützen *(Activity Based Working)*; ein Setting, das die Werte und die Kultur des Unternehmens vermittelt; ein Setting, das eine Marke erlebbar macht; ein Setting, das die Kommunikation und Kokreativität unterstützt; ein Setting, das mithilfe von hochwertiger Ergonomie die Gesundheit und Resilienz der Beschäftigten stärkt. All das kann Raum erwirken. Wenn man ihn denn lässt.

Ein Setting, das es den Menschen erlaubt, diejenigen Arbeitsräume zu nutzen, die sie in ihren konkreten Aufgaben unterstützen (Activity Based Working); ein Setting, das die Werte und die Kultur des Unternehmens vermittelt; ein Setting, das eine Marke erlebbar macht; ein Setting, das die Kommunikation und Kokreativität unterstützt; ein Setting, das mithilfe von hochwertiger Ergonomie die Gesundheit und Resilienz der Beschäftigten stärkt.

III.

MENSCHLICHE
POTENZIALE
ENTFALTEN

THESE 9

Eine menschenzentrierte Arbeitswelt *spricht Menschen in allen Dimensionen ihres Seins an.*

Menschen sind mehrdimensionale Wesen. Das zeigt sich daran, dass sie sich auf unterschiedliche Weise zu sich selbst verhalten können. Vier Dimensionen des Menschseins lassen sich dabei identifizieren:

1. Menschen erleben sich in ihrer physischen und körperlichen Verfassung als *Leib*. Als leibliche Wesen kommen wir nicht umhin, den Bedürfnissen unseres Körpers nachzugehen und für sein Wohlergehen bzw. seine Gesundheit zu sorgen. Das gilt auch für Arbeitswelten. In ihnen ist es von grundlegender Wichtigkeit, den Menschen als leibliches Wesen ernst zu nehmen und dafür zu sorgen, dass er mit allem, was er für sein körperliches Wohlergehen benötigt, bestens versorgt ist: ein gutes Raumklima, ergonomische Möbel, perfekte Beleuchtung etc.

2. Menschen sind ihr Leib, aber sie sind *nicht nur* ihr Leib. Anderenfalls wäre es uns unmöglich zu sagen: „Ich habe einen Körper." In der Tat sind wir immer auch das *Ich*, das solches geltend macht. Das Ich ist unser Alltagsbewusstsein. Mit ihm sind wir weitgehend identifiziert. Seine zentralen Funktionen sind die Rationalität, kraft derer wir ein Selbstbild erzeugen, das uns von anderen unterscheidet, und der Wille, der unsere Ziele, Interessen und Wünsche definiert. Wenn Menschen ihre Arbeit verrichten, bringen sie stets ihr Ich mit seinen Ansichten und Wünschen mit ins Büro. Dem Ich zu genügen bedeutet, eine Unternehmenskultur zu pflegen, in der Einzelne ihre Vorstellungen und Wünsche einbringen dürfen und dabei Gehör finden.

3. Das Ich, mit dem sich Menschen gemeinhin identifizieren, ist aber immer nur das Bild, das sie sich mithilfe ihres Willens und ihres Intellekts von sich geschaffen haben. Deswegen sind Menschen zwar immer ihr Ich, aber sie sind *nicht nur* ihr Ich. Andernfalls wäre es uns unmöglich, mit uns zufrieden oder auch unzufrieden zu sein. Tatsächlich sind wir immer auch das, wovon das Ich ein Bild ist: ein Selbst oder – wie man früher sagte – eine *Seele*. Die Seele ist unser eigentliches Selbst einschließlich dessen, was wir nicht in unser Ich integriert haben: unsere versteckten Gefühle, verheimlichten Sehnsüchte, verdrängten Beziehungen, vergessenen Wunden, verlorenen Träume. Auch das bringen wir mit zur Arbeit – und auch das will in humanen Arbeitswelten adressiert und ernst genommen sein. Denn gerade in dem, was noch unentfaltet in uns schlummert, steckt das größte Potenzial.

4. Und noch eine vierte Dimension gibt es, in der sich Menschen zu sich selbst verhalten können: den *Geist*. Diese Dimension erschließt sich immer dann, wenn wir

begeistert sind. Dann nämlich fühlen wir in uns die Gegenwart von etwas Größerem, etwas Umfassendem, das uns erfüllt und hinreißt. Dann wirkt ein guter Geist in uns, der unsere besten Energien freisetzt und uns dabei hilft, über uns selbst hinauszuwachsen. Die Dimension des Geistes wird in Unternehmen meistens ignoriert – was schade ist, denn mit ihr bleibt die wichtigste und kraftvollste Energie für Innovation und Transformation verschlossen.

Leib, Ich, Seele, Geist: Die vier Dimensionen des Menschseins fügen sich zu einem ganzheitlichen Menschenbild. Dieses Menschenbild ist für eine menschenzentrierte Arbeitswelt maßgeblich. Die Mitarbeitenden nur in den Dimensionen von Ich und Leib anzusprechen, greift zu kurz. Eine menschenzentrierte Arbeitswelt nimmt den Menschen auch als seelisches und geistiges Wesen ernst.

Jedes der Handlungsfelder Organisation, Technologie und Raum soll *dem Menschen und seiner Potenzialentfaltung dienen.*

Neue, menschenzentrierte Arbeitswelten adressieren den Menschen ganzheitlich in allen vier Dimensionen seines Seins – und das in den drei Handlungsfeldern Organisation, Technologie und Raum. Jedes dieser Handlungsfelder sollte so aufgestellt sein, dass es die Menschen darin unterstützt, vertrauensvoll, verantwortlich, frei und sinnorientiert zu arbeiten, um auf diese Weise die eigenen Potenziale zur Entfaltung zu bringen.

Potenzialentfaltung ist dabei deutlich mehr als bloße Wunscherfüllung. Vielmehr geht es bei ihr darum, dass Menschen dazu befähigt werden, gesund, engagiert, beseelt und begeistert ihrer Arbeit nachzugehen und solcherart *als Ganzes* ihr Bestes zu geben. Daran muss die Organisation des Unternehmens ebenso wie seine technische Ausstattung und Raumgestaltung Maß nehmen. Unternehmensführung hat die Aufgabe, die menschlichen Qualitäten in allen Dimensionen zu nähren und zu stärken, das passende Klima für sie bereitzustellen und die nötigen Werkzeuge vorzuhalten. Menschenzentrierte Arbeitswelten gleichen Gewächshäusern für menschliches und wirtschaftliches Wachstum.

THESE 11

Jedes der Handlungsfelder
Organisation, Technologie
und Raum trägt dazu bei,
*eine lebenswerte Welt für
unsere Nachfahren zu
hinterlassen.*

Aktuell ist die Büroarbeit im deutschsprachigen Raum alles andere als nachhaltig aufgestellt. Von den rund 750 Millionen Quadratmetern Bürofläche ist etwa die Hälfte dauerhaft ungenutzt. Das ist ökonomisch wie ökologisch fahrlässig. Zumal wenn man bedenkt, dass im weltweiten Vergleich allein 40 Prozent der CO_2-Emissionen durch die Bau- und Immobilienwirtschaft verursacht werden. Ungenutzte Büroflächen sind auch von dieser Seite ein inakzeptabler Zustand. Nachhaltig denkende Entscheiderinnen und Entscheider werden sich deshalb nicht mit diesen Zahlen abfinden. Sie machen Ernst damit, dass der Mensch fest in das große Netz des natürlichen Lebens eingewoben ist, und sie richten ihre Aufmerksamkeit nicht allein auf die Menschen von heute, sondern auch auf diejenigen von morgen. „Enkelfähigkeit" und ökologische Nachhaltigkeit sind für sie gesetzte Werte, ein Wirtschaften zulasten des Ökosystems Erde eine nicht länger tolerierbare Praxis. Raum- und Ressourcenverschwendung werden nicht mehr hingenommen, sondern als Ansporn zur Entwicklung neuer, langlebiger, effizienter, ressourcensparender und dabei flexibler Nutzungskonzepte gesehen.

THESE 12

Menschliche Potenzialentfaltung, ökologische Nachhaltigkeit und ökonomische Wertschöpfung sind in einer menschenzentrierten Arbeitswelt gleichrangige Ziele.

Neben der Entfaltung menschlicher Potenziale und einer ökologisch nachhaltigen Unternehmenskultur ist in einer menschenzentrierten Arbeitswelt die ökonomische Wertschöpfung ein drittes Ziel der Unternehmensführung. Dabei ist die ökonomische Wertschöpfung allerdings kein Zweck an sich, sondern ein notwendiges Mittel, um die Voraussetzung für eine Kultur zu schaffen, die Menschen in ihrer Potenzialentfaltung und Selbstwirksamkeit unterstützt – individuell, aber nicht minder auch gesellschaftlich. Deshalb wäre es absurd, wenn ein Unternehmen darauf verzichten wollte, Gewinne zu erzielen und Wertschöpfung zu maximieren. Beides ist nicht nur berechtigt, sondern ausdrücklich begrüßenswert, solange die Wertbindung und die Sinnorientierung des Unternehmens nicht ausgeblendet werden. Sollte sich das Handeln eines Unternehmens gegen den Menschen und die Natur kehren – sollte es gesundheitliche Schäden in allen vier Dimensionen des Menschseins verursachen und die natürliche Umwelt schädigen –, verliert es die Legitimitätsgrundlage seines wirtschaftlichen Erfolgs.

IV.

NEW LEADERSHIP.

FÜHRUNG IN DER MENSCHEN- ZENTRIERTEN ARBEITSWELT

Zeitgemäße Führung
schafft Rahmenbedingun-
gen, denen sich *Menschen
gerne anschließen wollen.*

Zwei Wesensmerkmale charakterisieren eine zeitgemäße, menschenzentrierte Führung: eine klare Wert- bzw. Sinnorientierung sowie eine offene und gewinnende Grundhaltung. Zusammen sind sie die Säulen dessen, was man *New Leadership* nennen kann.

New Leadership ist nahe am einzelnen Menschen. Als menschenzentrierte Führungskunst verknüpft sie die individuellen Leistungen und Ziele der Mitarbeitenden mit dem Wertegerüst und der Mission des Unternehmens. So wirkt sie sinnstiftend und verhindert, dass Menschen sich von ihrer Arbeit entfremden. Sinnstiftung für jede und jeden im Unternehmen ist das klare Ziel.

New Leadership fördert Diversität und Pluralität. Als menschenzentrierte Führungskunst nimmt sie die Einzelnen in ihren Besonderheiten ernst und freut sich an der Vielfalt unterschiedlicher Begabungen und Sichtweisen. Ihre Aufgabe erkennt sie darin, einerseits die Individualität der Menschen anzuerkennen und sie gleichzeitig so in das Ganze der Organisation zu integrieren, dass ein leistungsstarkes und funktionales Kollektiv entsteht. Erfolgreich ist sie, sofern es ihr gelingt, starke Teams zu bilden und so zu arrangieren, dass die Beteiligten ihre Potenziale in der Interaktion mit ihren Kolleginnen und Kollegen zu heben vermögen. Sollten Teams dieser Aufgabe nicht gewachsen sein, wird man in New-Leadership-Kulturen Sorge dafür tragen, dass die fehlenden Kompetenzen ergänzt werden.

Bei alledem wird New Leadership getragen von einer Grundhaltung der gewinnenden und einladenden Führung. Eine solche Führung nimmt Menschen nicht als Untergebene oder Befehlsempfänger wahr, sondern als unverzichtbare Mitspieler im Team. Sie sieht ihren Ehrgeiz darin, Menschen dafür zu gewinnen, sich ins Unternehmen einzubringen.

Als wichtige Haltung kultiviert eine menschenzentrierte Führung dabei einen Geist der Transparenz: Transparenz, Offenheit und Klarheit über Hierarchie-Ebenen hinweg lädt die Mitarbeitenden ein, sich einzubringen und an der Problemlösung zu beteiligen. Transparenz bedeutet dabei nicht, andere Menschen bloßzustellen, sondern Klarheit darüber zu schaffen, wo man hinwill, wo man steht und welche Schritte einem erforderlich zu sein scheinen, um Ziele zu erreichen.

Bei alledem kultiviert New Leadership einen sportlichen Geist. Der Ehrgeiz der Beteiligten, es besser zu machen und die eigene Leistung zu steigern, wird angefacht.

Erfolge werden gebührend gefeiert und Versäumnisse oder Misserfolge kritisch ausgewertet. Stolz auf das, was gut war, ist ebenso wichtig, wie aus dem zu lernen, was nicht überzeugen konnte.

New Leadership gelingt, wenn es Emotionalität, Sozialität und Rationalität in Einklang bringt.

Menschenzentriert führen heißt, *Begeisterung zu wecken* und Menschen darin zu unterstützen, *über sich hinauszuwachsen.*

New Leadership versteht sich mehr als Coaching denn als Kontrolle. Führungskräfte sehen ihre Aufgabe deshalb nicht länger darin, „Untergebene" in eine gewollte Richtung zu lenken und dementsprechend zu unterweisen. Vielmehr haben sie gelernt, anderen die Bühne zu überlassen, damit diese selbstbestimmt und verantwortungsvoll wachsen können – in ihren Erfolgen, aber auch in ihrem Scheitern. Dabei wissen sie, dass es nicht nachhaltig ist, die Mitarbeitenden nur durch externe Anreize zu motivieren. Stattdessen haben sie die Fähigkeit, durch eine klare Wert- und Sinnorientierung die Begeisterungsfähigkeit der Menschen zu wecken, sodass deren Motivation aus eigenem, innerem Antrieb entstehen kann. Durch einen guten Geist die Rahmenbedingungen für eine echte, wertgebundene Begeisterung zu gewährleisten – das macht New Leadership so besonders.

Das setzt voraus, dass Führungskräfte ihre Mitarbeitenden gut kennen und im regelmäßigen achtsamen Gespräch mit ihnen ermitteln, wo genau sie stehen und wohin sie sich zu entwickeln wünschen. Nur wer genau hinschaut und achtsam mit den Menschen umgeht, wird herausfinden, wo deren persönliche Wachstumsreise beginnen kann – und sie erfolgreich in ihrer Potenzialentfaltung begleiten.

Menschenzentrierte Führung bedeutet, *die individuellen Stärken und Schwächen der Menschen zu erkennen* und gerechte Verhältnisse unter ihnen zu schaffen.

New Leadership bedeutet, gerecht zu handeln und für Gerechtigkeit einzutreten. Gerechtigkeit bedeutet dabei nicht, unterschiedslose Gleichheit zu fordern oder durchzusetzen. Hier geht es vielmehr um ein proportionales Gerechtigkeitsverständnis, das jede Einzelne und jeden Einzelnen nach Maßgabe seiner individuellen Potenziale, Leistungen und Beiträge zum Ganzen bedenkt. Was diese Beiträge im Einzelfall sein mögen, kann von der Führung nicht allein definiert werden. Deren Aufgabe besteht mehr darin, den einzelnen Menschen in seiner Besonderheit zu erkennen und seinen Entwicklungsstand zu ermessen, um dann gemeinsam den Wertbeitrag zu definieren und ihm die nötigen Instrumente zum eigenverantwortlichen und selbstwirksamen Handeln an die Hand zu geben.

Darin gleichen Führungskräfte guten Trainern in der Welt des Sports: Auch diese wissen, wie man vorzügliche Einzelspieler in einer Gruppe so arrangiert und orchestriert, dass sie im Team ihre jeweiligen Höchstleistungen erbringen und gemeinsam die Meisterschaft erlangen können.

Menschenzentriert zu
führen heißt, *inspirierende
Feedbacks zu geben.*

Menschenzentrierte Führung ist eine Kunst der Konversation. Sie bewährt sich überall da, wo Führungskräfte die grundlegenden Tugenden einer reifen und erwachsenen Kommunikationskultur verinnerlicht haben: Empfänglichkeit, Achtsamkeit, Zugewandtheit in der Ausrichtung auf andere; Aufrichtigkeit, Ehrlichkeit und Wahrhaftigkeit in den eigenen Mitteilungen. Ebenso Klarheit, Geradlinigkeit und Authentizität. Gute Kommunikation ist kein Schonwaschgang, sondern eine Interaktion, die ihre Kraft aus der Wahrheit gewinnt. Kritik wird konstruktiv und nüchtern vorgebracht, Erfolge werden klar benannt und offen gewürdigt. Lobhudelei oder patriarchalisch von oben herab artikulierte Wertschätzung haben dabei keinen Platz, ehrliche Komplimente auf Augenhöhe jedoch durchaus. New Leadership bewertet den Beitrag zur Erreichung der Mission und Ziele und konzentriert sich darauf, inspirierende und begeisternde Signale zu setzen.

Menschenzentrierte Führung *entscheidet auf Basis authentischer Partizipation.*

Führung hat die Aufgabe, zu erneuern. Dabei vertraut New Leadership auf die Kraft authentischer Partizipation. Authentisch ist die Partizipation, sobald Führungskräfte den Mut aufbringen, ihre Mitarbeitenden nicht nur im Rahmen konkreter Aufgaben oder Problemlösungen zu beteiligen, sondern ihnen auch die Möglichkeit zu geben, sich an der Gestaltung grundlegender Rahmenbedingungen zu beteiligen. Das wird der Fall sein, wenn Führungskräfte davon ausgehen, dass Menschen sich einbringen und Verantwortung übernehmen wollen – und wenn sie sich die Zeit nehmen, ihren Mitarbeitenden zuzuhören. New Leadership legt mehr Wert auf achtsame Wahrnehmung als auf laute Ansagen. Und es vertraut in die kollektive Kompetenz engagierter und verantwortungsvoller Mitarbeitender.

Entscheidungen verstehen sich beim New Leadership nicht als die Willensbekundungen autoritärer Leader, sondern als das Resultat kokreativer, kooperativer und partizipativer Diskurse. Diese zu bündeln und in konkretes Handeln zu übersetzen, ist eine wesentliche Führungsaufgabe im New Leadership. Führungskräfte sind dabei nicht unbeteiligte Wahlleiter, sondern Persönlichkeiten, die mutig entscheiden – auf Grundlage dessen, was sie im Gespräch mit ihren Mitarbeitenden vernommen und verstanden haben.

THESE 18

Persönliche Entwicklung und Leistung bleibt *die Verantwortung der Einzelnen*.

New Leadership sieht es nicht als seine Aufgabe, für die persönliche Entwicklung und Potenzialentfaltung der Mitarbeitenden verantwortlich zu sein. Führungskräfte sehen sich nicht in der Pflicht, ihre Mitarbeitenden „zum Glück zu zwingen". Eher verstehen sie sich als Begleiter und Unterstützer. Ihre Aufgabe erkennen sie darin, Rahmenbedingungen zu schaffen und Leitplanken zu definieren, die es den Einzelnen ermöglichen, ihre Potenziale zu entfalten, indem sie selbstwirksam und selbstbestimmt, eigenverantwortlich und partizipativ mitwirken.

Menschenzentrierte
Führung heißt, *sich
perspektivisch überflüssig
zu machen.*

Das Grundprinzip des menschenzentrierten New Leadership lautet: Andere stark machen, anderen vertrauen, andere unterstützen – bis dahin, dass Führungskräfte sich selbst überflüssig machen, weil ihre Mitarbeitenden die Kompetenz verantwortungsvoller Entscheidungsfindung gelernt haben. Das bedeutet aber nicht, sich als Führungskraft zurückzuziehen oder aus der Verantwortung zu stehlen. Im Gegenteil: Führungskräfte werden viel Zeit dafür aufwenden, den ihnen anvertrauten Menschen Orientierung und Inspiration zu geben. Dabei obliegt es ihnen, die Zielbestimmungen vorzugeben und die Verantwortung für das jeweilige *Was* zu übernehmen. *Wie* die vorgegebenen Ziele erreicht werden können, ist hingegen eine Frage, die partizipativ entschieden werden kann.

Auf Führungskräfte, die sich überflüssig machen, warten wundervolle neue Aufgaben. So wird auch ihre Potenzialentfaltung unterstützt.

V.

NEW OFFICE.

RÄUME IN EINER MENSCHENZENTRIERTEN ARBEITSWELT

THESE 20

Raum wirkt!

Auch wenn wir uns dessen nicht immer bewusst sind: Räume wirken auf Menschen. Sie wirken auf unsere Sinne, Gefühle, Befindlichkeiten und Stimmungen. Deshalb haben sie einen großen Einfluss auf unsere Lebensqualität, unsere Energie und Leistungsfähigkeit. Menschenzentrierte Arbeitswelten generieren Räume, die uns ganzheitlich, in allen vier Dimensionen unseres Seins nähren und kräftigen, sodass wir in ihnen unser gesamtes kreatives und produktives Potenzial entfalten können. Ganzheitlich gestaltete Räume helfen uns dabei, das Beste aus uns herauszuholen, indem sie neben der klassischen Möblierung auch Licht, Akustik, Textilien und andere Gestaltungselemente wie die Raumgliederung zu einem stimmigen Einklang fügen und dadurch das Arbeiten bestmöglich unterstützen. Eine bewusste und durchdachte Raumplanung bzw. Raumgestaltung ist deshalb eines der wichtigsten Instrumente einer menschlichen Unternehmenskultur und einer erfolgreichen Unternehmensführung im 21. Jahrhundert: kein New Work und kein New Leadership ohne New Office.

Gut gestaltete Räume versetzen die in ihnen arbeitenden Menschen nicht nur in gute Stimmung. Sie fördern nicht nur ihr Wohlbefinden und sie steigern nicht nur ihre Produktivität und Leistungsfähigkeit. Sie stärken auch das Zugehörigkeitsgefühl der Mitarbeitenden, ihre Bindung an das Unternehmen und ihre Identifikation mit Marken und Produkten. Das wird jedenfalls immer dann der Fall sein, wenn bei der Raumgestaltung darauf geachtet wird, den Spirit des Unternehmens im Raum präsent zu halten: seine Werte durch den Raum zu vermitteln, sie zu veranschaulichen, sie erlebbar zu machen und den Raum die Geschichte des Unternehmens erzählen zu lassen.

Kluge Raumkonzepte begünstigen das soziale Miteinander und stärken das Wir-Gefühl. Sie geben Raum für informelle Begegnung, kokreative Arbeit und eine gelebte Teamkultur: Hier ist der Besprechungsraum für ein Treffen zu viert, da ist der Space für ein Meeting mit 20 Teilnehmern plus digitaler Liveschaltung; hier ist ein Café für das informelle Gespräch, da ist der Raum für Entspannung und Regeneration. In einer menschenzentrierten Arbeitswelt ist Platz für alles, was die Menschen bei ihren vielfältigen Tätigkeiten unterstützt und stärkt. *Activity Based Working* ist das Credo zeitgemäßer Arbeitswelten.

Ein Irrtum wäre es zu glauben, solche vielfältigen Arbeitswelten seien wirtschaftlich nicht darstellbar. Das Gegenteil ist der Fall. Kluge Raumgestaltung im New Office, gepaart mit einer agilen Arbeitsorganisation im Sinne der New-Work-Philosophie, spart enorme Kosten.

Nicht nur weil die Arbeitskraft der Mitarbeitenden optimal orchestriert wird, sondern weil die vorhandenen Flächen deutlich effektiver genutzt werden, wenn Menschen nicht länger an einem Arbeitsplatz kleben, der zu 40 Prozent der Arbeitszeit verwaist ist. Effizient ist es vielmehr, wenn die Mitarbeitenden stets da arbeiten, wo sie das für ihre aktuelle Tätigkeit optimale Umfeld finden. Von Natur aus wollen Menschen performant sein, New Office bietet ihnen dafür die notwendige Umgebung.

Das muss nicht immer das Büro in der Firma sein. Es kann auch das Homeoffice oder ein dritter Ort sein. Wenn es aber das Office im Unternehmen ist, dann sollte dieses so aufgestellt sein, dass die Menschen dort gerne arbeiten, dass sie sich als Firmenzugehörige wohlfühlen, dass sie ganzheitlich genährt werden und dass sie ein echtes Wir-Gefühl entwickeln. Im New Office ergänzen sich emotionale Ansprache und funktionale Effizienz zu einem erfolgreichen Modell des Wirtschaftens.

THESE 21

Ein New Office *tauscht einen festen Arbeitsplatz gegen zehn Arbeitsoptionen.*

Menschenzentrierte Arbeitswelten im Sinne des New Office tauschen einen fixen und starren Arbeitsort gegen zehn plus x Optionen, wo man seiner Arbeit sinnvoll und mit Freude nachgehen kann. Die einzige Frage, die sich nunmehr stellt, ist an die Selbstwirksamkeit und Selbstverantwortung der Mitarbeitenden adressiert: Welche Tätigkeit wird wo verrichtet?

Das noch immer in vielen Unternehmen geläufige Modell *Ein Beschäftigter = ein Arbeitsplatz* ist hingegen überholt. Für jede Aufgabe immer nur denselben Ort zu nutzen, unterstützt die Menschen nicht bei der Arbeit. Auch ist eine solche Arbeitsweise weder wirtschaftlich noch nachhaltig. Für beides ist die Flächennutzung zu hoch. 30 Millionen Wissensarbeiter nutzen im deutschsprachigen Raum rund 750 Millionen Quadratmeter Bürofläche. Das entspricht der 15-fachen Fläche des Stadtgebiets von Köln. Bedenkt man zudem, dass rund 40 Prozent der globalen CO_2-Emissionen durch die Bau- und Immobilienwirtschaft verursacht werden, wird erkennbar, dass eine effiziente Raumnutzung unter Nachhaltigkeitsgesichtspunkten geboten ist. Nimmt man die weltweit steigenden Miet- und Immobilienpreise in Ballungsräumen hinzu, kann auch an den wirtschaftlichen

Vorteilen flexibler und effizienter New-Office-Strategien kein Zweifel bestehen. Vor allem aber dienen sie den arbeitenden Menschen.

Für jede Aufgabe bietet ein New Office das passende Werkzeug. Die Menschen bleiben in Bewegung: physisch agil *und* mental agil. Du willst deine Präsentation vorbereiten? Voilà, hier ist der separate Raum für das konzentrierte Arbeiten. Du willst in Ruhe mit einem Kunden telefonieren? Voilà, da ist die Telefonzelle für das ungestörte Gespräch. Du möchtest dich mit deiner Kollegin verständigen? Voilà, hier ist die Box, in der du mit ihr alles klären kannst. Du willst mit deinem Team ein Problem lösen? Voilà, hier ist der Besprechungsraum mit allen Tools für Design Thinking oder was du sonst noch brauchst. Du möchtest dich für einen Augenblick zurückziehen? Voilà, hier ist der Space für deine Regeneration.

Das neue Office wird so zu einer wohldurchdachten Mehrzweckbühne, auf der viele unterschiedliche Stücke gespielt werden können. Dabei bildet es nicht länger – wie in den inzwischen überlebten Arbeitswelten – die hierarchische Struktur des Unternehmens ab, sondern die Vielfalt und Verwobenheit der Arbeitsprozesse. Am Ende ist es aufgebaut wie eine Wohnung, deren Ordnung auch den jeweiligen Tätigkeiten folgt: Schlafzimmer,

Esszimmer, Badezimmer ..., wobei das Firmenoffice seine Räume nach höchsten Professionalitätsansprüchen strukturiert, was in der heimischen Wohnung nicht zwangsläufig der Fall ist.

Das ist auch der Grund dafür, warum das Homeoffice nicht für alle Tätigkeiten der richtige Ort sein kann. Für Arbeiten, die keine besonderen Ansprüche an die Raumumgebung stellen, mag es passend sein. Doch für anderes, wie für die kokreative Zusammenarbeit, braucht es dann doch die physische Präsenz im Unternehmen. Das New Office verteilt die Optionspalette des *Activity Based Working* deshalb auf die drei Säulen Unternehmensbüro, Homeoffice und dritte Orte.

Eine New-Office-Strategie verbindet auf kluge Weise drei Handlungsfelder: *Büro, Homeoffice und dritte Orte.*

Menschenzentrierte Führung bzw. New Leadership konzipiert eine neuartige Employee Journey, die es den Mitarbeitenden erlaubt, in drei unterschiedlichen Arbeitsumfeldern aktiv zu sein: im Unternehmensbüro, im Homeoffice und an frei gewählten dritten Orten. Dabei steht es den Mitarbeitenden frei, zu entscheiden, wo sie ihre Arbeit am besten verrichten können und welche Umgebung sie dabei am meisten unterstützt. Verbunden sind die drei Arbeitsumfelder durch die Tools und Anwendungen digitaler Technologien. Heute befinden wir uns diesbezüglich noch in einem Anfangsstadium. In nicht mehr allzu ferner Zukunft wird ein großer Teil der Wissensarbeit im Metaverse verrichtet werden, das sich wie ein Dach über die drei Arbeitssphären Firmenoffice, Homeoffice und dritte Orte wölben wird.

Diese Innovation wird nicht dazu führen, dass physische Räume ihre Relevanz komplett verlieren. Eher ist das Gegenteil zu erwarten. Der physische Raum mit seiner Materialität, Stofflichkeit, Haptik und sensorischen

Ansprache wird von den Menschen viel intensiver wahrgenommen. Er *wird* deshalb zum einen mit einer höheren Wertigkeit versehen und zum anderen so gestaltet werden, dass er zum Bedeutungsträger oder zum Geschichtenerzähler wird.

Die Erwartungen der Menschen an den physischen Raum werden größer. Wenn die dreigeteilte Arbeitswelt der Zukunft im Unternehmensoffice ein Weniger an Fläche ermöglicht, wird ein Mehr an Qualität und Wertigkeit in Ausstattung und Gestaltung realisiert.

Der physische Raum mit seiner Materialität, Stofflichkeit, Haptik und sensorischen Ansprache wird von den Menschen viel intensiver wahrgenommen. Er wird deshalb zum einen mit einer höheren Wertigkeit versehen und zum anderen so gestaltet werden, dass er zum Bedeutungsträger oder zum Geschichtenerzähler wird.

Das New Office steht für die *Demokratisierung des Büros.*

In alten, überholten Arbeitswelten war das Büro kein wirkungsvolles Werkzeug zur Unterstützung der Menschen, sondern ein Statussymbol. Die Etagen des Bürogebäudes sowie die Aufteilung und Ausstattung der Räume bildeten die Hierarchie ab. Das Eckzimmer im obersten Geschoss blieb dem Chef vorbehalten, während andere im Souterrain schufteten. Auch das Mobiliar diente dazu, den Status seiner Nutzer zu versinnbildlichen: Stuhl ohne Lehne für die Einsteiger, Stuhl mit Lehne für den Abteilungsleiter ... bis zum Chefsessel mit höhenverstellbarer Kopfstütze aus Büffelleder. Diese Zeit ist vorbei. Seine Funktion als Statussymbol hat der Raum im New Office verloren.

In neuen, menschenzentrierten Arbeitswelten spielen Hierarchieebenen keine Rolle mehr. Hier sind die Mitarbeiter an der Entwicklung der Raumkonzepte, der Raumgestaltung und der Raumausstattung beteiligt. Hier hat jede Person Anspruch auf den Raum, den sie für ihre Arbeit gerade braucht. Hier herrscht Wahlfreiheit für alle, die Räume zu wählen, die sie in ihren Tätigkeiten optimal unterstützen. Wenn die Auszubildende für ihre Arbeit das Eckbüro benötigt, in dem einstmals der CEO residierte, dann wird sie genau diesen Raum nutzen können. So wird die Büroarbeit nicht nur flexibler und effizienter, sondern auch demokratischer und partizipativer.

Sicher fällt es manchen Mitarbeitenden schwer, ihre angestammten Arbeitsräume oder Privilegien aufzugeben. Manche hängen sehr an ihrem individuellen Arbeitsplatz und scheuen anonyme Schreibtische in offenen Büros. Das ist verständlich – und Führungskräfte des New Leadership tun gut daran, solche emotionalen Faktoren nicht zu ignorieren. Doch kann man ihnen wirkungsvoll begegnen, indem der Verlust an Individualität durch ein Mehr an ästhetischer Qualität kompensiert wird, oder dadurch, dass man Mitarbeitenden die Möglichkeit gibt, ihre Bedürfnisse und Anforderungen in die Raumkonzeption einzubringen. So entsteht echte Teilhabe. Der Wunsch nach dem persönlich zugewiesenen Arbeitsplatz wird dann zurücktreten.

Entscheidend ist im New Office, dass jedes Raumkonzept durch ein der Unternehmensorganisation entsprechendes Nutzungskonzept gestützt ist. Wenn die Nutzung es sinnvoll erscheinen lässt, klassische Büroelemente beizubehalten, werden diese im New Office weiterhin bestehen. Entscheidend ist nur, dass die Räume demokratisch, ergebnisorientiert und nach Maßgabe gemeinsam definierter Spielregeln genutzt werden können.

Entscheidend ist nur, dass die Räume demokratisch, ergebnis- orientiert und nach Maßgabe gemeinsam definierter Spielregeln genutzt werden können.

Ein New Office unterstützt nicht nur Tätigkeiten, *sondern auch Persönlichkeiten.*

In menschenzentrierten Arbeitswelten wird die Vielfalt der Büros die Mehrdimensionalität und Komplexität des Menschseins reflektieren. Jede Mitarbeiterin und jeder Mitarbeiter ist anders. Alle bringen sie ihren individuellen Körper, ihre individuellen Bedürfnisse und Wünsche, ihre individuellen Geschichten und Begabungen, ihre individuellen Sinnerwartungen ins Unternehmen ein. Beim Raum geht es deshalb nicht nur um Funktionalität, sondern auch um Personalität. Im New Office müssen Mitarbeitende nicht einfach nur funktionieren, sondern sie werden als eine Person gewürdigt.

Das bedeutet auch, dass im New Office Freiheit waltet. Niemand wird darauf verpflichtet, einen Raum genau so zu nutzen, wie die „Raumordnung" es vorsieht. *Wie* die Mitarbeitenden den Dreiklang von Unternehmensbüro, Homeoffice und dritten Orten orchestrieren, steht ihnen im Rahmen der gemeinsam vereinbarten Spielregeln ebenso frei wie die Auswahl und Nutzung der im Firmenoffice zur Verfügung gestellten und buchbaren Räume. Räume machen keine Vorschriften, sondern bieten Optionen. In menschenzentrierten Arbeitswelten sind sie immer Freiräume und Spielräume.

THESE 25

Der Raum markiert
die Grenze *unserer*
Produktivität.

Räume geben den in ihnen tätigen Menschen einen Rahmen vor. Ein Raum kann die persönliche Leistungsfähigkeit eines Menschen einschränken, wenn er schlecht gestaltet ist. Umgekehrt kann der Raum aber auch stärken. Antrieb und Motivation zur Produktivität können nur in den Menschen selbst entstehen. Wie weit sie dabei kommen oder gehen, wird jedoch in einem hohen Maße von den Arbeitsräumen definiert, in denen sie zugange sind. Menschenzentrierte Arbeitswelten sind deshalb darauf angelegt, die durch räumliche Grenzen verursachten Limitationen der Produktivität ihrer Mitarbeitenden so gering zu halten wie nur möglich.

Stoßen beispielsweise die Mitglieder eines Teams an die Grenzen ihrer kreativen Möglichkeiten, weil in ihrem angestammten Meetingraum die Wände fehlen, die sie bräuchten, um den Workflow eines künftigen Projekts zu visualisieren, dann ist es gut, wenn das Team reibungslos in andere Räume wechseln kann, wo es diese Begrenzungen nicht gibt. Oder sollte eine Kollegin im Homeoffice an die Grenzen ihrer Konzentrationsmöglichkeiten stoßen, ist es wichtig, dass sie im Firmenoffice geeignete Fokusräume vorfindet.

Flexibilität nach Maßgabe individueller Dispositionen ist das Grundprinzip menschenzentrierter Arbeitswelten.

THESE

26

Räume sind Symbole und Manifestationen von Unternehmenskultur.

Räume wirken, Räume sprechen. Um sich das vor Augen zu führen, genügt es, sich an den Besuch einer Kirche oder eines Museums zu erinnern. Die gesamte Architektur und Ausstattung ist darauf angelegt, Botschaften zu vermitteln, die die Besucherin oder der Besucher – egal ob bewusst oder unbewusst – dechiffrieren kann. Auch fordern sie dazu auf, bestimmte Verhaltensweisen an den Tag zu legen oder bestimmte rituelle Handlungen zu zelebrieren. So wird der Raum im Ganzen zu einem Kulturraum, der den Geist und die Werte, denen er gewidmet ist, wirkungsvoll in Szene setzt.

Was bei Kirchen und Museen evident ist, kann durch kluge Raumgestaltung auch in Unternehmen Anwendung finden. Auch Büros können Kulturräume sein, in denen die zentralen Werte und der Spirit einer Firma erlebbar und glaubhaft transportiert werden. Hat sich ein Unternehmen etwa dem Wert „Transparenz" verpflichtet, dann werden Architektur und Ausstattung im Sinne des New Office überall Transparenz erfahrbar machen. Wenn sich ein Unternehmen der ökologischen Nachhaltigkeit verpflichtet weiß, wird es für eine langlebige und wertige Büroausstattung Sorge tragen. Aber nicht nur das: Auch Marken, Produkte und die Firmengeschichte werden im New Office gegenwärtig sein, um die identitäts- und zugehörigkeitsstiftende Kraft von Räumen nutzbar zu machen. So kann ein Unternehmen, das es sich zum Ziel gemacht hat, eine Willkommens- kultur zu pflegen, die Lobby seines Bürogebäudes im Stil eines Fünfsternehotels gestalten. Auf diese Weise wird die Firmenkultur in die Raumgestaltung übersetzt und als Quelle der Bindung und Begeisterung der Mitarbei- tenden erlebbar gemacht. Oder der Raum kann gezielt zur Entwicklung und Implementierung einer Unterneh- menskultur genutzt werden.

Was bei Kirchen und Museen evident ist, kann durch kluge Raumgestaltung auch in Unternehmen Anwendung finden. Auch Büros können Kulturräume sein, in denen die zentralen Werte und der Spirit einer Firma erlebbar und glaubhaft transportiert werden.

THESE 27

Räume dienen der *Etablierung kultureller Rituale und Symbole.*

In den meisten Unternehmen gibt es kleine Rituale: ein morgendliches Stand-up-Meeting, ein regelmäßiger Jour fixe mit den Kolleginnen und Kollegen oder auch kleine Festlichkeiten zur gemeinsamen Feier eines erfolgreichen Projektabschlusses. Feste und Feiern sind wichtig, um den Spirit eines Unternehmens zu manifestieren und im Bewusstsein der Mitarbeitenden zu halten. Dadurch werden Wir-Gefühl, Teamgeist, Zusammengehörigkeit und Identität gestiftet.

Räume können dafür einen stimmigen und unterstützenden Kontext schaffen. Sie können den Spirit des Unternehmens durch Symbole, Corporate Colours, Verweise auf die Unternehmensgründer oder andere Gestaltungselemente erkennbar machen und dadurch den kulturellen Ritualen den passenden Rahmen geben. Sie können aber einfach auch durch die Raumaufteilung und Einrichtung die nötige Fläche für einen Stuhlkreis oder eine morgendliche Stretching-Runde bieten.

THESE 28

Menschenzentrierte
Arbeitswelten sind
Lernwelten.

Moderne Unternehmen sind lernende Organisationen. In einer VUCA-Welt müssen sie sich fortwährend an sich wandelnde Rahmenbedingungen, technologische Innovationen, volatile Märkte und variable Kundenwünsche anpassen. Lebenslanges Lernen ist deshalb nicht nur für jede Einzelne und jeden Einzelnen von großer Wichtigkeit, sondern auch für Organisationen im Ganzen. Wissensarbeit erfordert heute ein so hohes Maß an Spezialisierung, dass komplexe Aufgaben nur noch durch gemeinsame Kokreation bewältigt werden können. Im Zuge weiterer Digitalisierung wird diese Dynamik noch mehr beschleunigt werden. Schätzungen zufolge müssen in den kommenden Jahren mindestens zehn Millionen Erwerbstätige in Deutschland ihren Job neu lernen oder einen neuen Job erlernen. Wo gearbeitet wird, da wird auch gelernt. Anders geht es heute nicht mehr.

New Work, New Leadership und New Office reagieren auf diese Entwicklung. Sie erzeugen lernende Unternehmenskulturen und öffnen Räume für kollektive und partizipative Lern- und Weiterbildungsprozesse. Das Firmenbüro gerät in einer menschenzentrierten Arbeitswelt zunehmend zu einem kollektiven Lernort oder kann doch jederzeit in einen Ort verändert werden, der gemeinsames Lernen unterstützt: Variable Sitzordnungen, Kameras, Bildschirme, beschreibbare Wände etc. stellen einen vielseitigen und universell einsetzbaren Werkzeugkasten für innovative Lernwelten bereit.

THESE 29

Arbeitswelten sind
niemals fertig.

In der volatilen und agilen Arbeitswelt von heute ist Flexibilität in der Prozess- und Organisationsgestaltung ebenso gefragt wie eine hohe Variabilität in der Raumgestaltung. Neue Aufgaben und Werkzeuge, neue Technologien und Tools müssen jederzeit in Arbeitswelten integrierbar sein. Neue Jobprofile und neue Rollen und sich verändernde Teamgrößen müssen räumlich eingebettet werden können.

Veränderungszyklen werden immer kürzer. Ein New Office ist aus diesem Grunde niemals fertig, sondern immer auf einem „Beta-Level". Starr und unbeweglich sind in ihm nur solche Wände, die für die Statik unerlässlich sind. Möbel sind beliebig kompatibel und mobil. Nicht nur Einzelne, auch ganze Teams können gegebenenfalls im Handumdrehen von einem Ort an einen anderen versetzt oder neu zusammengestellt werden. So bleibt die Organisation agil, und die vorhandenen Flächen werden optimal bespielt. Veränderungen bleiben räumlich abbildbar.

THESE 30

Arbeitswelten planen heißt, *Kommunikation zu planen.*

Was dem menschlichen Organismus der Blutkreislauf, das ist in einer Organisation die Kommunikation. Sie bringt die wichtigen Informationen von A nach B und sorgt für den reibungslosen Workflow zwischen einzelnen Organen bzw. Abteilungen und Individuen. Kurze, effiziente Wege sind dabei von großer Relevanz, da sie die Fehleranfälligkeit reduzieren und Funktionalität gewährleisten. Das gilt nicht nur für die abstrakte Arbeitsorganisation, sondern auch für deren konkrete Umsetzung im physischen Raum. Wenn es sich etwa als sinnvoll erweist, Vertrieb und Marketing näher aneinander zu führen, dann ist es gut, wenn sich diese Nähe auch räumlich abbildet. So können die Kommunikationswege verkürzt und der Wissenstransfer sichergestellt werden. Das wird umso bedeutender, wenn wir nur noch einen Teil der Zeit im Firmenoffice verbringen.

31

Ein Büro ist *ein Ort des Wir,* aber keine Kirmes.

Aus statistischen Erhebungen ist bekannt, dass ein Großteil der sozialen Kontakte von Menschen durch ihre Arbeit entstehen und im Berufsleben verortet sind. Deshalb sind Arbeitswelten immer auch soziale Welten – und Büros sind immer auch Begegnungsorte. Gerade durch den Boom hybrider Arbeit in der Zeit der Coronapandemie ist diese Funktion von Firmenbüros eindrucksvoll sichtbar geworden. Und das ist gut so, denn im Zuge zunehmender Digitalisierung und der zu erwartenden Auswanderung der Arbeit ins Metaverse wird die Bedeutung des Büros als Ort sozialer Begegnung weiter zunehmen.

Nur darf das nicht zu dem Missverständnis führen, Büros wären *nichts* anderes als Orte der Begegnung. Nein, sie sind allem voran noch immer Orte kokreativer und kooperativer Arbeit. Dass sich in ihnen Menschen begegnen, die ansonsten einen Teil ihrer Arbeit im Homeoffice oder an dritten Orten verrichten, bedeutet nicht, dass nicht auch hier konzentriert und professionell gearbeitet wird.

In einer menschenzentrierten Unternehmenskultur, die sowohl die Einzelnen als auch das Unternehmen im Ganzen darin unterstützt, die ihnen eigenen Potenziale zu heben, wird das Unternehmensbüro zum Mittelpunkt der dreigliedrigen Arbeitswelt. Und es wird zum Knotenpunkt sozialer Netze.

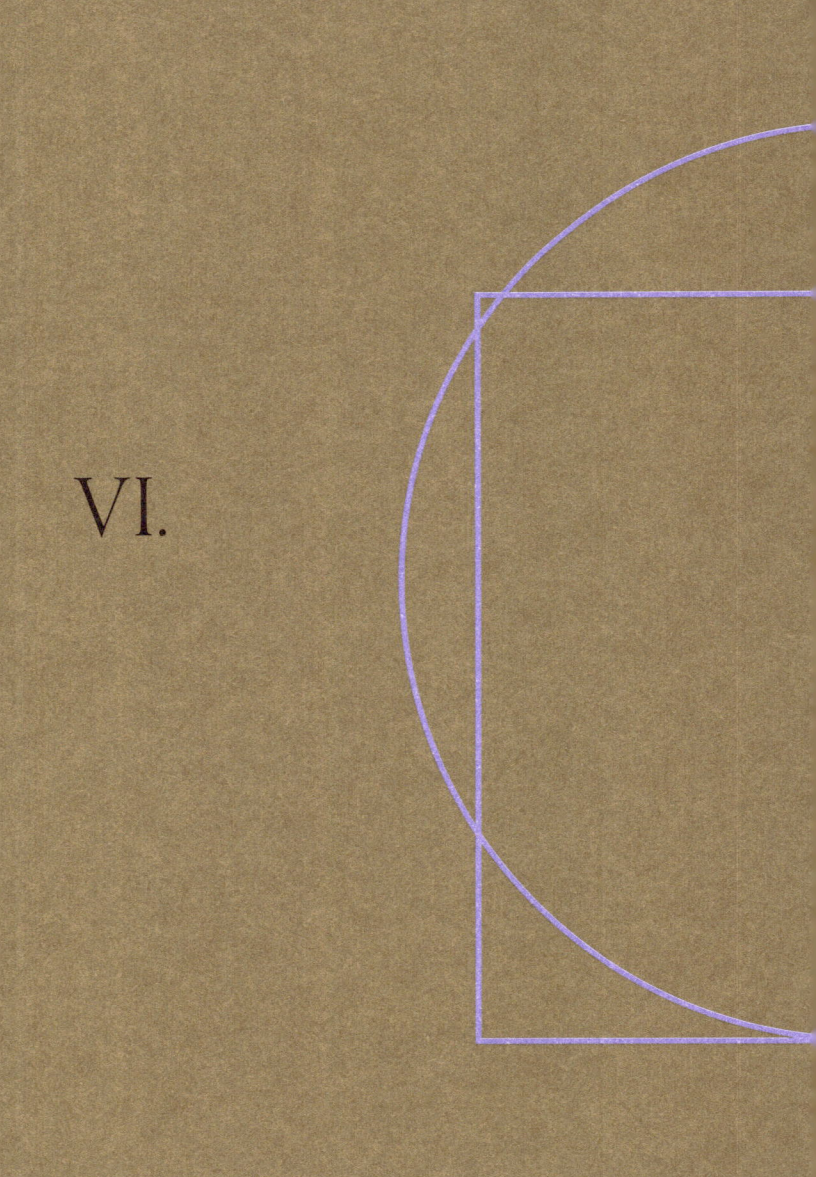

VI.

DER UMBAU DER ERWERBSGESELL-SCHAFT IN EINE SINNGESELL-SCHAFT. WEGE IN DIE ZUKUNFT

THESE

32

*Technologische Innovation
und Menschenzentrierung*
schließen sich nicht aus.

In vielen Unternehmen im deutschsprachigen Raum herrscht nach wie vor ein Mindset, das sich auf Gefahren und Risiken fokussiert. Die Bedenkenträger dominieren. Mit einer Haltung der Ängstlichkeit und Innovationsscheu wird es aber nicht gelingen, den Herausforderungen einer volatilen Wirtschaft zu genügen.

Dringend gefragt sind Mut, Experimentierfreude und Veränderungsbereitschaft. Man muss nicht jedem Trend hinterherlaufen, aber man tut gut daran, notwendige und Erfolg versprechende Entwicklungen nicht zu verschlafen – gerade wenn man den Menschen ins Zentrum der Arbeitswelt rücken möchte.

Das gilt für alle drei Handlungsfelder neuer Arbeitswelten: nicht nur im Blick auf technologische Innovationen, sondern auch im Blick auf neue Managementmodelle oder Raumkonzepte. Statt die Wege des New Leadership und New Office zu erproben, halten Unternehmen oft zu lang und zu zäh an Altbewährtem fest.

Warum nicht einmal Desk Sharing ausprobieren, anstatt lange und fruchtlos die Risiken herunterzubeten? Warum nicht mehr auf Hybrid Work setzen, als immer nur vor den Gefahren zu warnen? Nicht Fundamentalopposition ist heute gefragt, sondern eine konstruktiv-kritische Denkweise, die neue Chancen erkennt, anstatt sie schon im Keim zu ersticken.

Nur ein couragiertes, innovationswilliges Mindset wird in der Lage sein, den anstehenden kulturellen Paradigmenwechsel von der Erwerbsgesellschaft hin zu einer Sinngesellschaft zu vollziehen.

*Nicht Fundamentalopposition
ist heute gefragt, sondern eine
konstruktiv-kritische Denkweise,
die neue Chancen erkennt, anstatt
sie schon im Keim zu ersticken.*

Erfolgreiche zukünftige Unternehmenskulturen sind *partizipativ und kooperativ.*

NEUE WEGE IN DER ORGANISATIONSENTWICKLUNG

Ein autoritärer oder gar patriarchaler Führungsstil ist nicht mehr zukunftsfähig. Experimentierfreudige und mutige Unternehmen bewegen sich bei der Organisationsentwicklung in eine gegenteilige Richtung: Verantwortung wird an Teams delegiert, Hierarchien werden abgeflacht, Kooperation und Partizipation bei der Entscheidungsfindung werden großgeschrieben. So entstehen neue Organisationsmodelle, die je nach Unternehmenskultur entwickelt werden können: von der Holokratie, bei der die unterschiedlichen Arbeitseinheiten einer Organisation gleichberechtigt interagieren, bis hin zu einfachen Modellen partizipativer Entscheidungsfindung. Ziel bei alledem ist, die Potenziale der einzelnen Mitarbeitenden abzurufen und dem komplexen System des Unternehmens zuzuführen.

Partizipative und kooperative Organisationsmodelle erfordern kommunikative Kompetenzen der Mitarbeitenden und vor allem der Führungskräfte, die nicht selbstverständlich vorausgesetzt werden können. Umso wichtiger ist, dass dafür Lernorte geschaffen werden – und dass auch die Raumgestaltung die Partizipation und Kooperation im Unternehmen unterstützt. Zudem wird beim Recruiting neuer Mitarbeitender darauf zu achten sein, dass kommunikative und partizipative Kompetenzen mehr Beachtung finden als bisher.

Das Warten auf den
perfekten Moment dauert
ein Leben lang.

*NEUE WEGE AN DER SCHNITTSTELLE
VON ORGANISATION UND TECHNIK*

Zögern und Zaudern werden in einer schnelllebigen Welt bestraft. Für die Arbeitswelt gilt das in besonderem Maße. Denn wer früh auf neue Technologien setzt und mutig neue Wege erprobt, verschafft sich einen Vorteil, wenn nach Jahren die entsprechenden Entwicklungen ausgereift sind und den Mainstream erreicht haben. Zukunft entsteht nicht durch Grübeln, sondern durch Handeln: erproben, reflektieren, verändern. Die Zeit zum Handeln ist immer jetzt.

Bei Innovationen zieht der eine Schritt den anderen nach sich. Kooperative und partizipative Organisationsmodelle, selbstbestimmtes und selbstwirksames Arbeiten: Das alles wurde überhaupt erst möglich durch die Einführung neuer digitaler Technologien und Anwendungen, die den Workflow aus dem analogen Raum in den virtuellen Raum übertragen. Wenn sich in wenigen Jahren das Metaverse durchgesetzt haben wird, ist mit einer exponentiellen Beschleunigung dieser Entwicklung zu rechnen, sodass sich ein breites Spektrum neuer Möglichkeiten zur Implementierung erfolgreicher menschenzentrierter Arbeitswelten öffnen wird. Diese Entwicklung ist in vollem Gange. Sie zu verschlafen hieße, sich ohne Not selbst auszubremsen. Denn: Das Warten auf den richtigen Augenblick dauert ein Leben lang.

THESE 35

In fünf Jahren ist *Virtual Reality* ein unverzichtbarer Bestandteil der Arbeitswelt.

NEUE WEGE TECHNOLOGISCHER OPTIMIERUNG

Je nach Berufsbild und Unternehmenskultur werden in naher Zukunft rund 50 Prozent der Arbeitszeit im virtuellen Raum verbracht. Schon heute haben große Unternehmen ihre Onboarding-Prozesse und Learning Journeys in Corporate-Metaverse-Anwendungen verlegt. Diese Entwicklung birgt enorme Chancen für künftige menschenzentrierte Arbeitswelten. Neue Formen kokreativer Arbeit werden entstehen, wenn unbefriedigende Videocalls ins Metaverse verlegt werden, neue Ausdrucks- und Mitteilungswege werden den Workflow beschleunigen. Die Fantasie der Menschen wird beflügelt, und mehr Räume und Zeiten für die individuelle Potenzialentfaltung werden sich öffnen.

Allerdings sollte man sich nicht darüber hinwegtäuschen, dass der Aufbau neuer, virtueller Arbeitswelten eine Herausforderung darstellt. Da sich die physische Welt nicht einfach eins zu eins in die virtuellen Sphären des Metaverse übertragen lässt, muss im Zuge dieses Umbaus nahezu alles neu entschieden werden: Wie präsentiere ich mich als Einzelne oder Einzelner im virtuellen Raum? Wie stellt sich das Unternehmen dar? Welche Designs, Farben oder Symbole sollen genutzt werden, um Identität und Zugehörigkeit zu fördern? Welcher Dresscode gilt im Metaverse? Welche Art von Avataren wird dort zugelassen? Fragen über Fragen, die sich dann am leichtesten entscheiden lassen, wenn man schon heute an einer klaren, wertbezogenen und menschenzentrierten Unternehmenskultur arbeitet – wenn man die nötigen Leitplanken setzt, die eine Organisation und ihre Mitarbeitenden unbeschadet in die virtuelle Zukunft führen werden.

Neue Formen kokreativer Arbeit werden entstehen, wenn unbefriedigende Videocalls ins Metaverse verlegt werden, neue Ausdrucks- und Mitteilungswege werden den Workflow beschleunigen. Die Fantasie der Menschen wird beflügelt, und mehr Räume und Zeiten für die individuelle Potenzialentfaltung werden sich öffnen.

Die *virtuelle* und die *physische Welt* werden *verschmelzen*.

NEUE WEGE AN DER SCHNITTSTELLE VON TECHNOLOGIE UND RAUM

In künftigen Büros wird es kaum noch möglich sein, Möbel von digitalen Geräten zu unterscheiden. Die Menschen, die dort arbeiten, werden umgeben sein von digitalen Oberflächen, mit denen sie kommunizieren und die mit ihnen kommunizieren. Tische und Wände werden zu Monitoren, die den Menschen Hinweise geben oder Informationen von ihnen entgegennehmen. Wer sich ein Bild davon machen möchte, welche Optionen sich an der Schnittstelle von Technologie und Office-Gestaltung auftun werden, kann sich schon heute in der Welt des Gamings umschauen, wo vieles, was gegenwärtig noch utopisch scheint, bereits praktiziert wird. Online-Merge-Offline (OMO) wird zum Kennzeichen neuer Arbeitswelten. Für menschenzentrierte Unternehmenskulturen wird es darauf ankommen, aus beiden Welten das Beste herauszuholen und auf eine zielführende Weise zu verbinden.

THESE 37

Je virtueller die Welt wird,
desto *bedeutsamer wird das
physische Umfeld.*

NEUE WEGE FÜR DIE RAUMGESTALTUNG

Jede Bewegung löst eine Gegenbewegung aus: Der Verlagerung der Arbeit in den virtuellen Raum wird eine neue Wertschätzung des physischen Raums entsprechen. In dem Maße, in dem wir uns in unseren Arbeitswelten mit digitalen Geräten umgeben, werden wir die Schönheit und Wertigkeit physischer Objekte neu entdecken lernen: die Ästhetik einer Holzmaserung, die Haptik einer natürlichen Oberfläche, den Duft eines frisch gebrühten Kaffees ... Auch werden uns die Qualitätskriterien für materielle Dinge bewusster werden. Wir werden verstehen, welche nicht virtuell simulierbaren Werte und Eigenschaften ihnen innewohnen – die gleichwohl aber unsere Kreativität und Leistungskraft beflügeln.

Physische Dinge werden auch in ihrer symbolischen Kraft neu erfahrbar werden: als Repräsentanten der Unternehmenswerte, als Hinweise auf den Sinn einer Organisation, als Manifestation ihrer DNA bzw. ihres Markenkerns. So werden Räume und die Dinge im Raum zunehmend zu Bedeutungsträgern – mehr noch: zu den tragenden Säulen einer Unternehmenskultur, die den Menschen in seiner Sinnsuche konsequent ernst nimmt.

Auch die physische Begegnung der Menschen wird im Zuge der zu erwartenden Entwicklungen an Bedeutung gewinnen. Echte Begegnung und Teambildung braucht die leibliche Präsenz aller Beteiligten. Dem einen passenden und unterstützenden Rahmen zu geben, wird eine zentrale Aufgabe des New Office sein.

So werden Räume und die Dinge im Raum zunehmend zu Bedeutungsträgern – mehr noch: zu den tragenden Säulen einer Unternehmenskultur, die den Menschen in seiner Sinnsuche konsequent ernst nimmt.

THESE 38

Wir müssen die Idee menschenzentrierter Arbeitswelten *in alle Bereiche des Wirtschaftens übersetzen.*

Menschenzentrierte Arbeitswelten sind nicht nur da gefordert, wo Wissensarbeit verrichtet wird. Für ein erfolgreiches Wirtschaften im 21. Jahrhundert werden sie auch da entstehen müssen, wo andere Leistungen erbracht werden: im produzierenden Gewerbe, im Gesundheits- und Sozialwesen, im Bildungswesen, im Einzelhandel, in der Landwirtschaft ... Wir sollten nicht vergessen, dass die Idee des New Work von ihrem Urheber Frithjof Bergmann ursprünglich an die US-amerikanische Automobilindustrie adressiert war: Die Fließbandarbeiter sollten durch eine Reorganisation der Arbeitszeit in die Lage versetzt werden, ihre Erwerbsarbeit im Unternehmen durch eine selbstorganisierte Sinnarbeit zu ergänzen. Ebenso wird zu erwägen sein, wie das Modell einer menschenzentrierten Arbeitswelt auf den Säulen New Work, New Leadership und New Office auf alle Bereiche der Gesellschaft ausgeweitet werden kann. Das jedenfalls wäre der erfolgversprechendste Weg für den Umbau der Erwerbsgesellschaft zur Sinngesellschaft.

Es braucht einen groß angelegten Diskurs, wie *die Transformation zur Sinngesellschaft* erfolgreich vollzogen werden kann.

Der Umbau der Erwerbsgesellschaft in eine Sinn-gesellschaft ist eine gesamtgesellschaftliche Aufgabe, die nicht allein von Unternehmen und Organisationen bewerkstelligt werden kann. Jede und jeder Einzelne ist hier in die Pflicht genommen, ebenso aber auch die Politik, deren Aufgabe es ist, die nötigen Rahmenbedin-gungen für den Umbau bereitzustellen. Dabei stellen sich Fragen der Finanzierbarkeit und der sozialen Absi-cherung. Neue Modelle der Besteuerung und der Sozial-systeme bis hin zur Einführung eines bedingungslosen Grundeinkommens können dabei in Betracht gezogen werden. Die gesellschaftliche Debatte darüber verträgt keinen Aufschub. Deshalb ist es gut, wenn Unternehmen vorangehen, neue Modelle erproben und den Diskurs darüber einfordern.

THESE 40

Veränderung ist anstrengend, macht aber auch *viel Freude.*

Die wichtigsten unternehmerischen Eigenschaften für den Umbau der Gesellschaft zur Sinngesellschaft und die Implementierung menschenzentrierter Arbeitswelten in den Unternehmen sind Entschlossenheit und Mut – oder in einem Wort: Courage. *Courage* leitet sich her vom französischen Wort *coeur* – das Herz. Beherztheit ist die Tugend, die wir allen denen wünschen, die in eine bessere, humanere, nachhaltigere und wirtschaftlich erfolgreiche Zukunft aufbrechen wollen. Der Weg dahin wird anstrengend, so viel ist gewiss. Aus eigener Erfahrung verspreche ich: Er wird aber auch sehr viel Freude machen.

CHRISTOPH QUARCH
UND JAN TEUNEN

DIE *WIEDER-ENTDECKUNG* DES MENSCHEN

Warum zeitgemäße Arbeitswelten funktional

Arbeitswelten funktional

und ästhetisch sind

Der Mensch ist ein tätiges Wesen. Eingebunden in das große Netz des Lebens unterliegt er den Notwendigkeiten der Natur, die ihn fortwährend zur Arbeit zwingen. „Im Schweiße seines Angesichts" verschafft er sich immer wieder neu die Nahrung und das Obdach, die zu seinem Überleben unerlässlich sind. Die Pflege des Leibes, des Hauses, des Gartens und des Ackers gaben über Jahrtausende den immerwährenden Takt für die kurze Spanne zwischen Geburt und Tod. Als Kind der Erde ist der Mensch deshalb ein *Animal Laborans* – ein arbeitendes Wesen. Doch der Mensch ist mehr als das. Anders als (mutmaßlich) alle anderen Wesen der Natur verfügt er über die einzigartige Gabe des Bewusstseins. Sie ermöglicht es dem Menschen, sich ins Verhältnis zu setzen: zur Natur und ihren Zwängen, aber ebenso zu sich selbst. Deshalb ist der Mensch nicht nur ein *Animal Laborans*, sondern auch ein *Homo Faber*: einer, der die Fähigkeit besitzt, sich die Natur durch Wissenschaft und Technik untertan zu machen – einer, der imstande ist, sich Werkzeuge und Produktionsverfahren anzueignen, die es ihm erlauben, sich von den Notwendigkeiten der Natur ein Stück weit zu befreien und sich eine zweite Natur zu erschaffen: die Welt der hergestellten Dinge und Produkte. Das eigentliche Alleinstellungsmerkmal des Menschen im Reich des Lebens ist aber sein Selbstbewusstsein. Er allein ist das Wesen, das sich bespiegeln und befragen kann; er allein fragt nach dem Warum. Er ist es, der nach Wissen, Wahrheit oder Weisheit strebt, um einen Sinn im Sein zu finden. Deshalb ist er nicht nur *Animal Laborans* und auch nicht nur *Homo Faber*, sondern *Homo Sapiens*. Und als *Homo Sapiens* verhält er sich nicht nur arbeitend und herstellend zur Welt, sondern auch denkend, sprechend und vor allem *handelnd*.

DIE

DOPPELTE

KRISE

Damit sind die grundlegenden Weisen des menschlichen Weltverhaltens genannt: Als tätiges Wesen sorgt der Mensch arbeitend für seinen Lebensunterhalt, stellt er produzierend eine Welt von Dingen her, die ihm dienstbar, nutzbar oder hilfreich sind, ringt er denkend, sprechend und vor allem handelnd darum, Sinnvolles zu schaffen oder Sinn zu erschließen. Diese Tätigkeitsformen fügen sich im 21. Jahrhundert zu einer hochkomplexen, vielfältigen Arbeitswelt, die ihrerseits die gigantische Maschine der globalen Ökonomie in Schwung hält. Sie ist das große Werk des *Homo Faber* und sie hat sich an die Stelle gedrängt, an der vormals die Natur stand: Nicht mehr die Notwendigkeiten des natürlichen Lebens takten und steuern die moderne Arbeitswelt, sondern die Imperative der großen Maschine: Effizienz und Funktionalität, Produktivität und Rentabilität. Doch je effizienter oder produktiver die Maschine funktioniert, desto mehr verliert der ihr dienstbare Mensch nicht nur die zunehmend geschundene Natur aus dem Blick, sondern auch das, was ihn zum *Homo Sapiens* adelt: den Sinn, die Weisheit, das Schöne, das Wahre und das Gute – kurz: das *Warum*. Deshalb steckt die Arbeitswelt der Gegenwart in einer doppelten Krise: Der tätige Mensch der Gegenwart hat das Leben aus dem Blick verloren, und er hat den Menschen aus dem Blick verloren – sich selbst.

Der tätige Mensch hat das Leben aus dem Blick verloren. Berauscht von den Triumphen seiner Technik wiegt er sich noch immer in der Illusion, er könne oder müsse sich von den Notwendigkeiten der Natur befreien. Nun aber stellen wir fest, dass die Natur sich nicht länger verleugnen lässt: Mit dem Klimawandel bringt sie sich der Menschheit machtvoll zu Bewusstsein – und wir bemerken staunend, dass die Maschine der globalen Wirtschaft unter ihrem Einfluss immer öfter stottert.

Aber nicht nur das. Der tätige Mensch hat auch den Menschen aus dem Blick verloren. Gebannt und fasziniert von der magischen Macht seiner Maschinen und seiner Ökonomie hat er sich ganz der Aufgabe verschrieben, sich als *Homo Faber* zu perfektionieren und die Werke seines Könnens nach Maßgabe seiner Bedürfnisse zu optimieren – bis dahin, dass er sich nunmehr anschickt, mit Hilfe avanciertester Technologien zum *Homo Deus* zu mutieren und mit gottgleicher Gewalt sein Königtum auf Erden für die Ewigkeit zu zementieren, wie Yuval Noah Harari in seinem gleichnamigen Weltbestseller dargestellt hat[1]. Doch der Sinn in alledem bleibt ihm verborgen. Krankenstände nehmen zu, Menschen leiden unter ihrer Arbeit, greifen immer häufiger zu Drogen, wenn sie nicht schon innerlich gekündigt haben. Der *Engagement-Index 2021* des Gallup Instituts zur Mitarbeiter-Zufriedenheit in deutschen Unternehmen[2] spricht diesbezüglich eine deutliche Sprache: Nur 17 Prozent der deutschen Werktätigen haben eine hohe emotionale Bindung zu ihrem Arbeitgeber und 38 Prozent fühlen sich innerlich ausgebrannt.

So kommt es, dass die Arbeitswelt der Gegenwart an zwei Enden gleichzeitig krankt: Sie krankt an Naturverlust und mangelnder Lebendigkeit – und sie krankt an Sinnverlust und mangelnder Humanität. Und das muss sich ändern, wenn sich das gelegentliche Stottern der Maschine nicht zu einem Kollaps ausweiten soll. Schon jetzt veranschlagt das Gallup-Institut die ökonomischen Schäden infolge innerer Kündigung der Beschäftigten auf ca. 100 Milliarden Euro jährlich. Die Botschaft ist deutlich: Es ist Zeit für eine grundlegende Revolution unseres Arbeitens. Am wichtigsten dafür ist es, aus unserer maschinengenerierten Trance zu erwachen und den Blick fürs Ganze zurückzugewinnen. Und das heißt vor allem: den Blick für den ganzen *Menschen*. Denn nur wenn wir den Menschen in seiner Ganzheit ernst nehmen und unsere Arbeitswelt so neu organisieren, dass sie dem Menschsein ganzheitlich genügt, wird es möglich sein, den drohenden Systemkollaps abzuwenden.

[1] Yuval Noah Harari: Homo Deus. Eine Geschichte von Morgen, München 2017.
[2] Gallup Engagement Index 2021, https://www.gallup.com/de/321938/engagement-index-deutschland-2020.aspx?thank-you-report-form=1 (abgerufen am 14.12.2022).

DER

GANZE

MENSCH

Wir sprachen von den unterschiedlichen Tätigkeitsweisen des Menschen: Arbeiten, Produzieren, Handeln. Ihnen korrespondiert eine Mehrdimensionalität des Menschseins, die sich uns erschließt, wenn wir fragen, wer oder was denn eigentlich dieses Selbst ist, dessen wir uns vermöge des Selbstbewusstseins bewusst sind. Wir werden dann feststellen, dass eine einfache Antwort auf diese Frage nicht möglich ist, weil es verschiedene Arten des Selbstbewusstseins gibt, die unterschiedliche Aspekte unseres Seins erschließen. Für diese unterschiedlichen Aspekte haben wir unterschiedliche Worte. Vereinfachend lassen sich vier Dimensionen unseres Menschseins unterscheiden. Wir können uns zu uns selbst verhalten *als zu*

1. unserem Leib, das heißt zu uns als einem physischen Wesen,

2. unserem Ich, das heißt zu dem, was wir wollen und denken,

3. unserer Seele, das heißt zu unserem Selbst, das wir in der Tiefe sind, und

4. unserem Geist, das heißt zu dem, was uns mit dem Ganzen verbindet.

Als tätiges Wesen will der Mensch in allen vier Dimensionen seines Seins zur Geltung kommen. Wenn die Arbeitswelt dem ganzen Menschen Rechnung tragen soll, muss sie so organisiert sein, dass er sich darin als Leib und Ich, als Seele und als Geist entfalten kann. Und genau das ist es, wonach er sich sehnt: Wie allen anderen Lebewesen wohnt auch dem Menschen eine kraftvolle Dynamik inne, die ihn dazu anhält, das ihm eigene Potenzial zu verwirklichen, an Leib und Seele zu wachsen und zu reifen, groß zu werden, zu erblühen und Frucht zu tragen. Und wie bei allen anderen Lebewesen auch hält sich diese Dynamik in dem Spannungsfeld von individueller Freiheit und Verbundenheit: Wir brauchen die Verbindung, die Begegnung, die Interaktion und die Kommunikation mit den anderen, um an Leib und Seele zu erblühen. Aber ebenso brauchen wir die vor dem Zugriff anderer geschützten Spiel- und Freiräume, um zu werden, wer wir sind oder doch sein können. Verbundenheit und Freiheit sind in der Logik des Lebens keine Widersprüche. Sie ergänzen einander und finden ihre reinste und kraftvollste Ausprägung nur gemeinsam: in der Liebe.

Dem entsprechen zwei nur scheinbar widersprüchliche Bestrebungen des Menschen: Als ein Wesen der Verbundenheit sehnt er sich nach Geborgenheit und Nähe. Als ein Wesen individueller Freiheit sehnt er sich nach

Wandel und nach Weite. Beide Sehnsüchte beherrschen ihn in allen Dimensionen seines Seins. Der Leib sehnt sich zurück nach der Geborgenheit des Fötus, die ihm im Mutterleib gewährt war. Doch zugleich sehnt er sich danach, aufzubrechen und sich in der Welt zu zeigen. Das Ich sehnt sich nach Sicherheit und Stabilität, aber ebenso drängt es darauf, eine Welt nach seinem Bilde zu gestalten und die dafür erforderliche Macht zu erlangen. Die Seele sucht Verbundenheit mit allen anderen Wesen, sie sucht aber auch nach ihrer eigenen Unverwechselbarkeit. Und der Geist will aufgehen im Ganzen, weil er gerade darin ganz bei sich ist.

Sowohl die vier Dimensionen als auch die doppelte Dynamik des Menschseins gilt es zu berücksichtigen, wenn es darum geht, dem Menschen als tätigen Wesen zu genügen und seine Arbeitswelt so zu revolutionieren, dass sie ihn nicht länger krank macht oder in die innere Kündigung treibt. Die Arbeitswelt wird im 21. Jahrhundert nur dann das große Rad der Ökonomie in Schwung halten, wenn sie den ganzen Menschen ernst nimmt und nach Maßgabe eines ganzheitlichen Verständnisses seines komplexen Seins verwandelt wird. Das betrifft die Arbeitswelt vor allem da, wo sie selbst physisch ist: in den Arbeitsräumen, und das heißt im 21. Jahrhundert vor allem in den Büros – in den Unternehmen, daheim oder auch anderswo.

DAS

GANZHEITLICHE

BÜRO

Infolge der Revolution der Arbeitswelt werden sich Büros verändern. Das Büro wird ein Raum sein, der

- der Mehrdimensionalität des Menschseins Rechnung trägt,

- den Grundsehnsüchten nach Freiheit und Verbundenheit genügt,

- die arbeitenden, werktätigen und handelnden Menschen darin unterstützt, ihre Potenziale zu entfalten.

Als leibliches und physisches Wesen braucht der tätige Mensch eine Arbeitsumgebung, die seinen körperlichen Bedürfnissen Genüge leistet: gut belüftete und beleuchtete Räume, ergonomisch optimale Einrichtung und Technik, hochwertige Materialien – um nur ein paar Beispiele zu nennen. Zudem benötigt er in seiner Arbeitswelt geschützte Räume, die ihm ein Geborgenheitsgefühl vermitteln, ebenso wie einen Freiraum, worin er sich zeigen kann. Zeitgenössische Konzepte von Multi Spaces sind darauf eine ebenso mögliche Antwort wie die Spreizung der Arbeitswelt zwischen Freiräumen für kreative und kokreative Arbeit hier und Rückzugsräumen für konzentrierte Produktivität da.

Die zweite Dimension des Menschseins ist durch Rationalität und Willen definiert. Als Ich will der tätige Mensch für seine Leistungen belohnt sein. Dieser Grundsehnsucht lässt sich nicht alleine durch die Einrichtung von Arbeitsräumen genügen. So gewiss diese dazu beitragen können, dem machthungrigen und gleichzeitig ängstlichen Ich das erwünschte Maß an Sicherheit und Gestaltungsmöglichkeiten zu gewähren – Letzteres zum Beispiel durch die Bereitstellung eines leistungsfähigen technischen Equipments –, doch viel mehr noch sind hier Führungskräfte und Management gefordert. Denn nur sie können dem Ich die Belohnungen zukommen lassen, die es für sich fordert – egal in welcher Währung, ob in Geld, Wertschätzung oder Anerkennung. Wie das Ich der Werktätigen optimal bedient und in seiner Bedürftigkeit befriedigt werden kann, haben in den letzten 50 Jahren Heerscharen von Managementberatern, Coaches, Trainern oder HR-Consultants ausgiebig erforscht. Immer neue Methoden wurden erprobt und implementiert – zuletzt mit großer Verve das, was als *New Work* die Runde macht. Dem bedürftigen Ich des tätigen Menschen wurde dabei mancher Dienst erwiesen – doch meistens war dies weder seinem Arbeiten noch seinem Herstellen noch seinem Handeln und folglich auch nicht seiner Zufriedenheit nachhaltig zuträglich. Das hat einen einfachen Grund: Eine nur zweidimensionale Optimierung der Arbeitswelt ist der ganzheitlichen Potenzialentfaltung nicht nur wenig förderlich, sondern oft sogar hinderlich. Die oben angemahnte Revolution der Arbeitswelt ist gerade deshalb nötig geworden, weil ihre bisherige Organisation und Neuorganisation (*New Work*) sich meist nur auf die erste und zweite Dimension des Menschseins erstreckte – weil sie die Komplexität des Menschseins unterboten hat und sich lediglich auf äußerliche und funktionale Aspekte konzentrierte. Da auch diese zum Menschsein dazugehören, war das nicht falsch, aber doch flach.

Für das Wohl und Wehe des tätigen Menschen und für die Vitalität der Wirtschaft wird es deshalb entscheidend darauf ankommen, bei der Organisation und Gestaltung von Arbeitswelten auch der seelischen und der geistigen Dimension des Menschseins zu genügen. Als seelischen Wesen geht es Menschen um mehr als nur die Befriedigung ihrer leiblichen Bedürfnisse und rationalen Interessen. Als seelischen Wesen genügt es uns nicht, unseren Willen zu bekommen und unsere Wünsche erfüllt zu sehen. Als seelische Wesen wollen wir authentisch leben, unsere Gefühle zeigen, unseren Leidenschaften folgen, unserer Liebe nachgehen. Die Seele sehnt sich nach Schönheit und Harmonie. Und sofern wir Geist sind, wollen wir begeistert sein: begeistert davon, dass wir durch unser Tun Sinn stiften oder Sinn verwirklichen können. Begeisterung ergreift uns immer dann, wenn uns ein guter Geist umweht. Das kann uns in der Begegnung mit anderen Menschen, in der Natur, aber auch im Unternehmen widerfahren. Ein Unternehmensgeist zeigt sich in Werten und Visionen, Umgangsformen und Umgebungen, die die Mitarbeiter motivieren.

Arbeitsräume und -umgebungen sollten Gewächshäusern gleichen, die Geist und Seele nähren, sodass Begeisterung und Kreativität gedeihen können. Wie ein Garten sollten sie verschwiegene Winkel für die konzentrierte Arbeit und Inspiration bieten, ebenso aber offene Flächen für die kokreative Begegnung und begeisternde Gemeinschaft. Sie sollten funktionale Qualitäten und poetische Qualitäten verbinden – besser noch: Sie sollten Kulturräume sein, die die menschliche Seele mit Schönheit nähren, sie emotional kräftigen und zu kokreativem Handeln inspirieren. Sie sollten begeisternde Räume sein, in denen Menschen von einem guten Geist bewegt werden. Entsprechende Raumkonzepte verbunden mit hochwertigem Design und ausgewählter Architektur sind diesbezüglich richtungsweisend.

Doch das alles wird vergeblich sein, solange es nicht getragen und belebt wird von einer Unternehmenskultur, die sich konsequent dem ganzen Menschen widmet – die sich nicht bedingungslos den Effizienz- und Funktionalitätsimperativen der Maschine und ihrer ökonomischen Rationalität unterwirft, sondern die Funktionalität und Effizienz des Wirtschaftens in den Dienst des Menschen stellt. Auch die avanciertesten Unternehmensräume und -organisationsformen werden – wie das Beispiel großer US-amerikanischer IT-Konzerne lehrt – die doppelte Krise der Arbeitswelt nicht beheben, solange sie nicht eingebettet sind in ein ökonomisches Mindset, das Funktionalität mit Humanität verbindet und das Menschsein in seiner mehrdimensionalen Komplexität ernst nimmt.

EINE *NEUE* ÖKONOMIE

Fragt man nach den Grundzügen eines neuen ökonomischen Paradigmas, ist man gut beraten, sich in der Geschichte umzusehen. Soweit wir sehen können, ist die Art und Weise, wie wir heute Wirtschaft treiben, alles andere als selbstverständlich. Sie ist das Resultat der Verbindung von Kapitalismus und Neoliberalismus, die seit den 1990er-Jahren die globale Wirtschaft dominiert. Andere Kulturen zu anderen Zeiten wirtschafteten anders. Darin steckt ein großes Potenzial für die ökonomische Theoriebildung der Zukunft, denn vieles von dem, was unsere Vorfahren lebten und lehrten, kann uns heute von Nutzen sein. Denken wir nur an die antike Ökonomik, die Aristoteles im ersten Buch seiner *Politik* entwickelt hat. Man kann sie als Managementwissenschaft von der ethisch verantwortlichen Menschenführung unter dem Dach eines geordneten Hauses beschreiben. Ihr klar definierter Sinn war es, den Menschen, die einem Unternehmen – einem *oíkos* – angehören, einen verlässlichen Raum für ein gutes Leben sicherzustellen. Als Königsweg zu diesem Ziel galt die möglichst weitreichende Ressourcenunabhängigkeit und nachhaltige Wirtschaftsform des Unternehmens: seine *Autarkie*. Sie sollte sicherstellen, dass der *oíkos* – das Unternehmen – fünf ihm wesentliche Wirkungselemente zur Geltung bringt, die auch heute noch für moderne Arbeitswelten relevant sind:

1. Wirtschaftlichkeit
2. Schutz
3. Zusammengehörigkeit
4. Kulturpflege
5. Identitätsstiftung

Die von Aristoteles beschriebene Ökonomik war kein theoretisches Konstrukt. Sie prägte das Wirtschaften der griechisch-römischen Antike bis zu deren Niedergang. Und selbst danach fand sie im mittelalterlichen Kloster benediktinischer Provenienz eine späte und ihre vielleicht prägnanteste Ausdrucksform. Denn die Abtei verwirklichte präzise die genannten Wirkungselemente, indem sie radikal autark operierte und es ihren Angehörigen dadurch erlaubte, die von ihnen gewünschte Lebensform des *ora et labora* zu praktizieren. Es ist kein Wunder, dass Abteien heute die mit Abstand ältesten und beständigsten Unternehmen der Welt sind. Und ebenso ist es kein Zufall, dass es die Klöster waren, in denen das Büro als

Arbeitsraum erfunden wurde – und zwar in einer Weise, die an seinem Ursprung zu erkennen gab, was die eigentliche Idee und künftige Bestimmung des Büros ist: Das Wort Büro leitet sich ab von dem spätlateinischen Wort *burra*. Die *Burra* war das Gewand der Mönche, das sie in ihren Schreibstuben auf die grob gezimmerten Tische legten, um ihre kostbaren Bücher zu schützen. Eben das ist die Idee des Büros: der Schutz des Kostbaren. Im Kloster waren es die Bücher – heute sind es die Menschen.

Der Mensch im Mittelpunkt, sein gutes Leben, seine Freiheit, seine Unabhängigkeit: Das sind Themen, die ein künftiges Paradigma des Wirtschaftens von der antiken Ökonomik übernehmen kann; das sind die Werte, denen die Arbeitswelt des 21. Jahrhunderts verpflichtet sein wird. Noch aber sind wir weit davon entfernt. Denn noch steht unsere Wirtschaft zu sehr unter dem Einfluss einer anderen Denkweise, die sich in der frühen Neuzeit entwickelte und im 20. Jahrhundert voll zum Durchbruch kam.

Auf die bis ins Mittelalter hineinwirkende antike Ökonomik folgte an der Schwelle zur Neuzeit ein neuartiges wirtschaftliches Denken. In der italienischen Renaissance entstand zum ersten Mal im Abendland ein gut organisiertes Bankenwesen, das es Unternehmern erlaubte, Kredite aufzunehmen und Investitionen zu wagen.

Ein neuer Unternehmertypus betrat die weltgeschichtliche Bühne: der *Imprenditore* oder Entrepreneur, wie man ihn in Frankreich nannte. Sein bevorzugter Wirkungsbereich war der Fernhandel. Er nahm Geld auf, investierte in ein Schiff und eine Crew und spekulierte darauf, dass es an einem Tag in ferner Zukunft mit reichem Gewinn beladen heimkehren würde. Der Kapitalismus kam so zur Welt – allerdings noch nicht entfesselt wie 250 Jahre später in Manchester und in der neuen Welt jenseits des Atlantiks, sondern rückgebunden an den traditionellen europäischen Humanismus und flankiert von einem ausgeprägten Sinn für Schönheit und Ästhetik. Diese Synergie von Werten, Kunst und Kapital erwies sich bald als höchst erfolgreiche Methode, die den neuzeitlichen Unternehmern große Reichtümer bescherte.

Doch die Dinge nahmen ihren eigenen Lauf: War der ursprüngliche Entrepreneur noch ein Visionär und Abenteurer, der mit seinem Kapital auf eine ungewisse Zukunft wettete, so wurde aus ihm im Zuge der Technisierung und Industrialisierung nach und nach ein Maschinist. Nicht mehr sehen wir ihn mit kühnem Blick zum Horizont auf der Brücke eines Segelschiffs, sondern er zieht sich mehr und mehr in den Maschinenraum eines Dampfers zurück und sieht seine Aufgabe darin, die Funktionalität und Mechanik seines Unternehmens zu optimieren: immer schneller, immer effizienter, immer profitabler – bis dahin, dass er als „rational" allein das noch gelten lässt, was die Maschine seines Unternehmens optimiert. Der *Venturer* mutiert auf diese Weise zum *rational fool* und das Unternehmen wird zu einer bloßen Apparatur des Gelderwerbs.

Diese Entwicklung blieb für das Büro nicht folgenlos. Statt ein Ort zu sein, an dem das Kostbare geschützt wird und der Mensch im Mittelpunkt verortet ist, gerät das Büro mehr und mehr zu einem Bauteil des auf Funktionalität getrimmten Apparates. Statt Prozessen Raum zu geben, worin sie sich nach ihrer eigenen Logik entfalten und wie Flüsse frei mäandern können, geraten die Büros zu begradigten und keimfreien Kanälen, die zwar Effizienz in Aussicht stellen, dabei aber das Leben töten. Statt Biotope für Kreativität und Kooperation zu sein, mutieren sie zu funktionalen Todräumen, in denen Menschen Lust und Motivation verlieren – in denen statt Begeisterung die Depression obwaltet. So kommt es zu der eingangs beschriebenen doppelten Krise, die die Arbeitswelt ergriffen hat: In ausschließlich nach Funktionalitätsgesichtspunkten eingerichteten Arbeitswelten entstehen Reibung und negativer Stress. Die verhängnisvollen Folgen dessen hat die Hirnforschung inzwischen eindrucksvoll beschrieben: Menschen, die in Büros mit Kanalcharakter arbeiten müssen, werden nach und nach neurotisch. Ihre Umgebung antwortet nicht mehr, sie erhalten keinen Zuspruch. Auf diese Weise nisten sich Wut und Aggression in ihnen ein. In der Folge drohen Depression und Burnout, Mobbing und Angst. Damit aber nicht genug: Wo Menschen über einen langen Zeitraum negativem Stress ausgesetzt sind, stolpert irgendwann ihre linke Gehirnhälfte über die rechte, bis es nichts mehr zu stolpern gibt, weil die rechte, die kreative Hemisphäre austrocknet. Die Folgen sind – auch ökonomisch – verhängnisvoll: Kreativität und Intuition bleiben auf der Strecke, genau die menschlichen Kompetenzen, die für ein zukunftsfähiges Wirtschaften im digitalen Zeitalter am dringendsten benötigt werden.

Wachsen und gedeihen werden diese Kompetenzen aber immer dort, wo Menschen sich zum einen gut aufgehoben und zum anderen frei fühlen. Erblühen werden Unternehmen dann, wenn Menschen auch an Geist und Seele gut genährt sind. Dafür braucht es Unternehmenskulturen, die von einem guten Geist durchdrungen sind – die begeisternden Visionen und sinnstiftenden Werten folgen, die den Menschen Freiheit und Verbundenheit gewähren und die ihre Kreativität beflügeln. Solche Unternehmenskulturen finden ihren Widerhall in Arbeitsräumen, die neben funktionalen Aspekten auch ästhetische Reize bieten. Auch das Homeoffice kann sich – gut eingebunden in eine kooperative Firmenkultur – in dieser Hinsicht als ein förderliches Instrument erweisen: als Ort des gelegentlichen Rückzugs für konzentrierte, fokussierte Arbeit, flankiert von Büros, die allen Formen der kreativen Arbeit und kokreativen Kooperation mit den Kolleginnen und Kollegen Raum geben. Hier lässt sich die eigentliche Chance verorten, die in einer fortschrittlichen Digitalisierung von Arbeitsprozessen schlummert: Wenn „intelligente" Maschinen künftig mehr Routinearbeiten übernehmen, entstehen neue Freiräume für Kokreativität. Aber das wird nur gelingen, wenn es immer wieder die Begegnung und Nähe in den Teams gibt. Deswegen sollte ein „hybrides Arbeiten" zum neuen Normalzustand der Arbeitswelt werden: eine gesunde Mischung aus Präsenz in Firmenbüros, im Homeoffice und an dritten Orten. Das setzt voraus, dass Unternehmenskulturen sich radikal verändern: dass New Work, New Office und New Leadership zu Unternehmenskulturen verschmelzen, in denen Menschen individuell und kollektiv ihre Potenziale entfalten können.

AUSBLICK

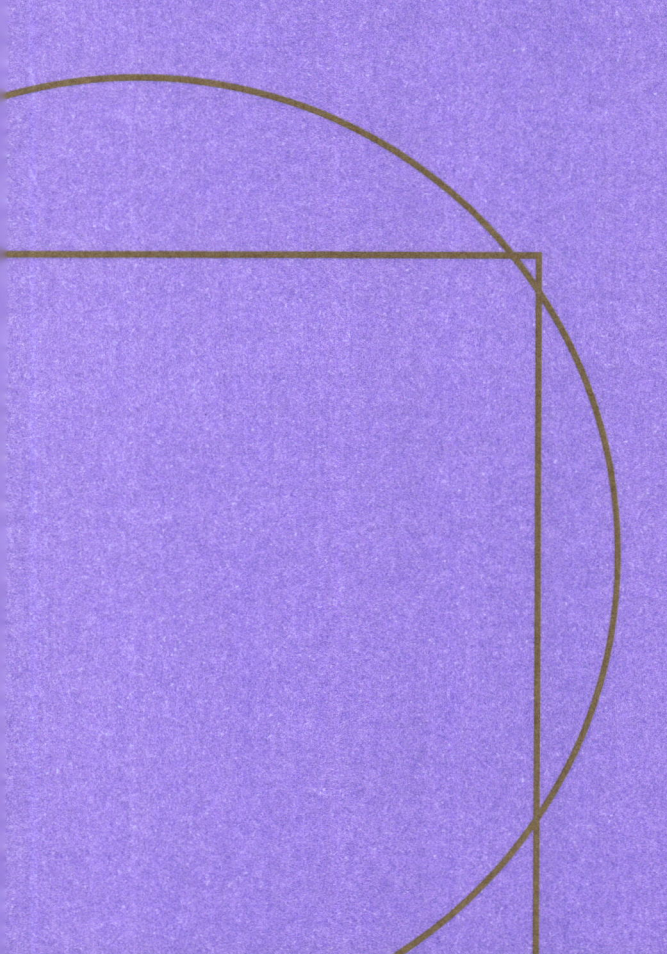

Es wird nicht länger möglich sein, Unternehmen ausschließlich nach Maßgabe von Apparaten und Maschinen zu konstruieren, zu organisieren oder zu lenken. An die Stelle der Maschinenmatrix einer neoliberalen, spieltheoretisch-zweckrational organisierten Unternehmenswelt wird ein anderes geistiges Paradigma treten, das menschliches und ökonomisches Wachstum ebenso verbindet wie Funktionalität und Ästhetik. Nicht die Maschine, sondern der Garten wäre die angemessene Metapher für neue Unternehmenskulturen und neuartige Arbeitswelten – für Büros, die nicht länger seelenlosen Maschinenräumen gleichen, sondern Gewächshäusern für menschliche und ökonomische Potenzialentfaltung; für Büros, in denen Menschen kokreativ interagieren und kooperieren; für Büros, die Menschen motivieren und in ihrer Intuition stärken.

Nur mit wirtschaftlicher Rationalität werden sich künftig keine Unternehmen führen lassen. Der Unternehmertyp des Maschinisten oder Technikers tritt zurück hinter den des Kultivators oder Gärtners. Ganz im Sinne eines erfolgreichen Unternehmers wie des unlängst verstorbenen dm-Chefs Götz Werner, der einmal notierte: „Für mich ist ein Chef wie ein Gärtner, der für sein Saatgut optimale Bedingungen schafft." Oder im Sinne des britischen Unternehmers Richard Branson, von dem ebenfalls ein passendes Zitat kolportiert wird: „People are no different from flowers. If you water them, they flourish. If you are not nice to them, they shrivel up."

Arbeitswelten, die nach Maßgabe der Gartenmatrix gestaltet und organisiert werden, nähren, kräftigen, motivieren und inspirieren die Menschen in allen vier Dimensionen ihres Lebens: als Leib, als Ich, als Seele und als Geist. Und sie verbinden in sich die beiden Qualitäten, die in ihrem Zusammenspiel der Garant künftiger wirtschaftlicher Erfolge sein werden: eine hohe Qualität im Umfeld und eine hohe Qualität im Umgang miteinander. Diese Synergie der Qualität zu generieren und zu kultivieren und mit einem guten Geist sowie mit guten Werten und Visionen zu unterfüttern, wird das Erfolgsrezept künftigen Unternehmertums sein.

"People are no different from flowers. If you water them, they flourish. If you are not nice to them, they shrivel up."

DANKSAGUNG

Dieses Buch wäre nicht ohne die Unterstützung einer Reihe von Partnern und Weggefährten zustande gekommen, denen ich meinen herzlichen Dank aussprechen möchte.

Wilkhahn steht seit vielen Jahrzehnten für soziale Verantwortung, ökologische Designprinzipien und umweltfreundliche Produktion. Es beeindruckt mich, wie das Unternehmen diese Werte so gekonnt in einer Marke vereint. In den Jahren meiner ersten Selbstständigkeit (1999 bis 2004) avancierte Wilkhahn zu meinem wichtigsten Partner. Seitdem fühle ich mich Wilkhahn sehr verbunden – dem Unternehmen und den Menschen, die es zu dem machen, was es ist. Die Unternehmerfamilien Hahne und Wilkening verfügen zweifellos über großen Weitblick. Danke, Wilkhahn.

Vitra ist das Unternehmen, das meine Begeisterung für Design, Architektur und Qualität, ebenso aber auch für Ergonomie und den Vertrieb von hochwertigen Produkten weckte. Hier absolvierte ich mein Traineeprogramm, hier wurde mir schon als jungem Mann auf Basis eines Vertrauensvorschusses außerordentlich viel Verantwortung übertragen. Das war meine erste Erfahrung mit der New-Work-Kultur, auch wenn sie damals noch niemand so nannte. Seit Jahrzehnten zählt Vitra zu meinen wichtigsten Geschäftspartnern. Danke, Vitra.

Mit *Markus Benz* und *Werner Maier* verbindet mich eine von Vertrauen und großer Wertschätzung geprägte Geschäftsfreundschaft. *Walter Knoll* bringt Qualität in den Raum und stärkt damit das persönliche Wohlbefinden für jeden Menschen. Dieser kristallklare Purpose passt wunderbar zu meiner tiefen Überzeugung, dass *Raum wirkt*. Seit vielen Jahren verbindet uns diese Gemeinsamkeit. Danke, Walter Knoll.

Seit über 25 Jahren habe ich das Vergnügen, mit *Familie Brunner* zusammenzuarbeiten. Ich bin begeistert, wie hier Design, Qualität und Innovation mit Blick auf das Produktangebot vereint werden. Partnerschaft, Fairness und Loyalität sind die gelebten Werte im Umgang mit Geschäftsfreunden. Davor und vor der unternehmerischen Lebensleistung von Rolf Brunner verneige ich mich. Ich liebe das Statement von Marc Brunner „Wir leben für Möbel, die Neues möglich machen" und schätze sehr die authentische, entscheidungsfreudige sowie fröhliche Art von Philip Brunner. Danke für unsere großartige Geschäftsfreundschaft. Danke, Familie Brunner.

Seit fast 70 Jahren schlägt das Herz von *COR*, mitten im deutschen Möbel-Cluster Ostwestfalen-Lippe. Gesteuert von Leo Lübke verbindet COR als traditionelles Familienunternehmen Nachhaltigkeit, zeitloses Design und die bodenständige Kultur auf nahbare und sympathische Weise. Viele Design- und Produktentwicklungen bereichern private Einrichtungen ebenso wie Büro- und Arbeitswelten. Das macht COR für mich zu einer besonderen Marke unserer Branche. Danke, COR.

Mit *Alexander Schärer*, Inhaber und Präsident des Verwaltungsrates bei *USM*, verbindet mich seit über 25 Jahren eine sehr vertrauensvolle Freundschaft. Alexander hat meine unternehmerischen Aktivitäten beim Kauf von designfunktion München und bei wesentlichen Entwicklungsschritten unterstützt, wofür ich ihm unglaublich dankbar bin. Das USM-Möbelbausystem ist mein persönlicher Favorit, wenn es um nachhaltige, wertbeständige und zeitlose Einrichtung geht. Ich liebe USM. Danke Alex für dein Vertrauen und die langjährige erfolgreiche Zusammenarbeit.

Zuletzt gilt mein Dank meinem Kollegen Johannes Lossack und meiner Kollegin Anja Plattner, die als Sparringspartner, Impulsgeber, Mitdenker und Kritiker den kokreativen Prozess beflügelt haben, der zu diesem Buch geführt hat.

Außerdem danke ich Christoph Quarch, der meine Gedanken in eine lesbare Form gefügt hat, und Jan Teunen, der sich mit seiner großen Erfahrung und Expertise inhaltlich und gestalterisch um das Gelingen dieses Projektes verdient gemacht hat.

Meine Kinder Emma, Silas, Frieda und Emil spornen mich an, eine sehr gute Version meiner selbst zu werden und mein Potenzial auszuschöpfen. Ich danke euch!

SAMIR AYOUB